聖書は物語る

一年12回で聖書を読む本

大頭 眞一 [著]

YOBEL, Inc.

この本を愛する明野キリスト教会の兄姉にささげます。

【凡例】
＊本文中では、新改訳聖書第3版を使用しています。
＊『神の物語』とあるのは、マイケル・ロダール著、大頭眞一訳『神の物語』2011年初版、2012年第2刷（日本聖化協力会出版委員会）、現在『神の物語』上・下（ヨベル新書、2017）を指しています。

> 本文に出てくる地図や資料等がカラー版でご覧になれます。
> 「聖書は物語る」支援室　公開中
> https://bible12session.wordpress.com/
> （兵庫県立大学・地理情報学研究者：川向 肇氏提供）

はじめに

　聖書を読み始める人は多いのですが、最後まで読み通す人は少ないようです。実は私もそのひとりでした。何度も読み始めては、途中で投げ出すということを繰り返してきました。牧師になってから、いろいろな方々とふれあう中で、少しずつその理由がわかるようになってきたように思います。それは、ひと言で言えば、聖書とは一体何であるかをつかみかねるから、ということになります。私たちは何かを読むとき、それがどういうジャンルの書物であるかによって、読み方を変えます。企業の損益計算書を読むときには、数字や固有名詞のひとつひとつがたいへん大きな意味をもちます。けれども小説を読む場合には、細かい数字などは読み飛ばしても大きな影響はないのが普通です。

　聖書は、本来どういうジャンルに属する書物であるのでしょうか。このことについて、キリスト教会の伝統にのっとって、しかもその内容をさらに明瞭に言い表す言葉が最近使われるようになりました。それは「物語」という言葉です。「物語」というとフィクションだと考えられやすいのですが、必ずしもそう決めてかかる必要はありません。たとえば、ひとりの人の人生もまた「物語」と見なすことができるからです。聖書を物語として読む立場を代表するような『神の物語』という本によると、物語とは「始まりがあり、主要な登場人物がおり、筋がある。各章ごとに、波乱と進展、どんでん返しがあり、そして全体に意味を与えることになる結末がある」書物ということになります。中でも聖書は神が主人公である「神の物語」です。ですから、神という主人公が何を語り、いかに考え、どう行動するのかを読み取ることが、聖書の読み方の基本だと言うことができます。

　こうして読むときに、聖書をつらぬくひとつの世界観が浮かび上がっ

てきます。神が人との交わりを求めて、人を創造し、人の反抗にもかかわらず人をあきらめないで、最終的に人をはじめとする全被造物との間に愛の交わりを回復し、それを楽しむことになる。これがその世界観です。この大きな流れを頭に置いておくと、聖書がかなりスムーズに読めるようになります。

　私たちの明野キリスト教会では、2012 年の秋から「一年 12 回で聖書を読む会」という会を開いています。クリスチャンでない方々を対象に希望者をチラシで公募したところ、予想を上回る多くの方々が、毎月熱心に集ってくださいました。そして月一度の土曜日の午前中、上述の読み方に基づいて聖書を読んでいます。この会のテキストにヨベルの安田正人社長が関心をもってくださったことから生まれたのが、この本です。参加してくださった方々の感想や質問、また明野キリスト教会の伝道委員の方々の意見も多く取り入れさせていただいています。

　また、この本は先ほどふれた『神の物語』の弟分のような本でもあります。『神の物語』は緻密な神学書ですが、そこにある考え方を、聖書を初めて読む方々のためにかみ砕いたのがこの本です。聖書の世界観は、時間の流れを重んじます。神は時間の流れの外にいるのではありません。神は時間の流れの中に身を投じ、リアルタイムで人と関わり合います。人は神にとって、しばしば自由にならない存在です。なぜなら人間は自分の意志を持ち、神に協力することも、逆らうこともできるからです。神はそんな人間たちに手を差し伸べ、強制ではなく説得によって、私たちとのよりよい関係を築くために苦闘するのです。

「一年 12 回で聖書を読む会」のようす

いつものように関西聖書神学校の鎌野直人先生には多くの示唆をいただきました。また石黒則年先生の著書『旧約聖書あと一歩』(キリスト新聞社、2011 年) も大いに参考にさせていただきました。さらに第 2 版に際しては、前・聖学院大学総合研究所特任教授、現・日本基督教団河内長野教会牧師の松谷好明先生と関西学院大学の畠山保男教授のアドバイスを反映させていただきました。また第 3 版では、友人で兵庫県立大学の地理情報学の研究者川向　肇氏がすばらしい地図を作ってくださいました。ただし、内容の最終責任はもちろん著者にあります。

　聖書を読むとき、私たちもまたこの「神の物語」に招かれています。いつのまにか、登場人物の一人のように、神に問われ、答え、決断を迫られることが起こります。あなたの「物語」がすばらしい物語、豊かに実を結ぶ物語となるように心から願っています。さあ、それではさっそく聖書を手にとって読み始めましょう。

　　2015 年　春　　　　　　　　　　　　　　　　　　　大頭眞一

旧約聖書の表記（＝以下が略称）
創世記
出エジプト記
レビ記
民数記
申命記
ヨシュア記
士師記
ルツ記
サムエル記 第一＝Ⅰサムエル記
サムエル記 第二＝Ⅱサムエル記
列王記 第一＝Ⅰ列王記
列王記 第二＝Ⅱ列王記
歴代誌 第一＝Ⅰ歴代誌
歴代誌 第二＝Ⅱ歴代誌
エズラ記
ネヘミヤ記
エステル記
ヨブ記
詩篇
箴言
伝道者の書
雅歌
イザヤ書
エレミヤ書
哀歌
エゼキエル書
ダニエル書
ホセア書
ヨエル書
アモス書
オバデヤ書
ヨナ書
ミカ書
ナホム書
ハバクク書
ゼパニヤ書
ハガイ書
ゼカリヤ書
マラキ書

新約聖書の表記（＝以下が略称）
マタイの福音書＝マタイ
マルコの福音書＝マルコ
ルカの福音書＝ルカ
ヨハネの福音書＝ヨハネ
使徒の働き＝使徒
ローマ人への手紙＝ローマ
コリント人への手紙 第一＝Ⅰコリント
コリント人への手紙 第二＝Ⅱコリント
ガラテヤ人への手紙＝ガラテヤ
エペソ人への手紙＝エペソ
ピリピ人への手紙＝ピリピ
コロサイ人への手紙＝コロサイ
テサロニケ人への手紙 第一＝Ⅰテサロニケ
テサロニケ人への手紙 第二＝Ⅱテサロニケ
テモテへの手紙 第一＝Ⅰテモテ
テモテへの手紙 第二＝Ⅱテモテ
テトスへの手紙＝テトス
ピレモンへの手紙＝ピレモン
ヘブル人への手紙＝ヘブル
ヤコブの手紙＝ヤコブ
ペテロの手紙 第一＝Ⅰペテロ
ペテロの手紙 第二＝Ⅱペテロ
ヨハネの手紙 第一＝Ⅰヨハネ
ヨハネの手紙 第二＝Ⅱヨハネ
ヨハネの手紙 第三＝Ⅲヨハネ
ユダの手紙＝ユダ
ヨハネの黙示録＝黙示録

表記例＝創世記22：7は創世記22章7節、詩篇23：1は詩篇23篇1節、マタイ5：3はマタイの福音書5章3節を表しています。

聖書は物語る

一年 12 回で聖書を読む本

目次

はじめに		3
第 1 回	天地創造	10
第 2 回	アダムとその妻	20
第 3 回	族長たちの物語	27
第 4 回	出エジプトと十誡	39
第 5 回	王と神殿	45
第 6 回	預言者の叫び	52
第 7 回	来るべきメシア	57
第 8 回	詩歌と知恵文学	67
第 9 回	キリストの誕生	76
第10回	十字架と復活	85
第11回	教会の誕生	92
第12回	終わりのことがら	102
あとがき		109

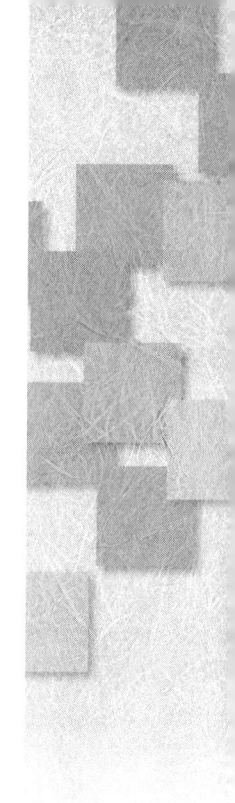

聖書は物語る

一年 12 回で聖書を読む本

第1回　天地創造

学びのポイント
- 聖書は進化論など、科学と対立するのでしょうか。
  あるいは、もっと異なる問題を論じているのでしょうか。
- 聖書によれば、人の特別なところは何でしょうか。
- 聖書によれば、人の存在の目的は何でしょうか。

【創世記1章】

聖書の第1ページ、創世記1章をお開きください。旧約聖書はヘブル語で書かれています。ほんの一部だけはアラム語です。日本語にも何種類かの翻訳聖書がありますが、このテキストでは新改訳聖書（第3版）を用いています。他にも新共同訳や口語訳といったいくつかの種類の翻訳があります。担当の方が朗読してくださいますので、お手許の聖書をご覧になりながらお聞きください。

【聖書と進化論】

いかがでしょうか。ここで、多くの人の頭をよぎるのは進化論ではないかと思います。神が文字通り6日間ですべてのものを造ったとするなら、進化論は否定されることになる。それは、非科学的ではないか！　確かにクリスチャンの中には進化論を真っ向から否定する人々もいます。アメリカのケンタッキー州には創造博物館（Creation Museum. 下記URL参照）というのがあって、進化論を否定する展示をしているのだそうです。けれどもクリスチャンの中にはそのような主張に違和感をもつ人々もいます。聖書は科学書ではなく、神について書かれた書であると考えるからです。科学知識や科学理論は、新しい発見でもあれば次々に更新されていきます。そ

創造博物館　http://creationmuseum.org/

れは人間にとって本質的な問題ではありません。人間にとって本当に大切なことは、創世記が文字にされたと言われる紀元前十数世紀であっても、21世紀であっても同じはずです。聖書が扱うのはその本当に大切なことの方だと考えるのです。その大切なことを以下で見ることにします。

【聖書の技法】

あらゆる書き物は、銀行のATMの監視カメラのようではありません。すべての登場人物の行為を取捨選択なしに描写するということはしないのです。そんなことをするなら、退屈で誰も読み終えることのできない膨大な文章がいつまでも続くことになります。だからあらゆる書き物は、情報を選択します。聖書もそうです。聖書もさまざまな技法を用いて、伝えようとすることを最も効果的に表現しようとします。ですから、あるときにはAという登場人物の立場から描くかと思えば、別のときにはBという人物の視点で描きます。ときには、大胆にものごとの起こる順序を入れ替えたりもします。それは事実を歪めるというのではなく、できごとの本質を明確にするために効果的だからです。

たとえば、創世記1章と2章には明らかな矛盾があると言われることがあります。ここで創世記2章を朗読していただきましょう。いかがでしょうか。創造の順序が逆に見えませんか。表にしてみましょう。

表1.1　創世記1章と2章の比較

創世記1章	創世記2章
第1日　光の創造	4節　地と天の創造
第2日　大空の創造	7節　男の創造
第3日　植物の創造	9節　果樹、そしていのちの木と善悪の知識の木の創造
第4日　太陽と月、星の創造	
第5日　海や水の生き物、鳥の創造	19節　野の獣と空の鳥の創造
第6日　陸上動物、そして人間の創造	22節　人のパートナー（女）の創造
第7日　休み	

創世記1章の創造は整然としたリストに見えます。まず生物が存在可能な環境が創造され、その後おおむね原始的な生物から高度な生物へと創造が進みます。それに対して、創世記2章ではまず男、それから果樹、獣、

鳥と続いて最後に女と、まるで脈絡のない順序で並んでいるように見えます。何よりも、1章と2章に順序の異なる二つの創造が記されていることは整合性を欠くように見えますから、聖書はつじつまの合っていない書物だと考える人々もいます。あるいは、聖書は異なる起源を持ついくつかの記事を、不器用に混ぜ合わせたものだと考える人々もいます。

【神の物語　―創世記1章―】

けれども、この箇所は聖書の物語としての技法を示す最高の例であるといってもよいものです。聖書の主人公は神です。その主人公は最初から存在しています。そして1章が語るのは、この主人公が、明確な意図をもって創造を行ったということです。神の創造にはパターンがあります。「光があれ」(1:3)と言えば光が創造され、その結果は「良し」(1:4)とされます。神が意思をもって、自分のイメージ通りの創造を行う。このパターンが無生物から生物へ、生物の中でもだんだん高等な生物へと進んで、そのクライマックスとして人間が創造されます。人間の創造にあたっては、特別な言葉が使われています。「さあ人を造ろう。われわれのかたちとして、われわれに似せて。彼らが、海の魚、空の鳥、家畜、地のすべてのもの、地をはうすべてのものを支配するように」(1:26)。

こうして創造が完成すると、神はそれを「非常に良かった」とされました。神の満足、神の喜びがうかがえるように思える表現です。これらのことから、創世記1章が表現しようとしていることを、いくつか挙げてみます。

①**神にとって人間は特別な被造物**　「さあ人を造ろう」(1:26)には神の特別な意気込みがうかがえます。神にとって、人間は特別な被造物です。特別な目的のために造られた特別な存在です。ですから聖書によれば、すべての人には存在理由があります。その人が何をなしとげたかという功績とは関係なく、存在するだけで意味があるのです。神が喜びをもって造ったからです。そして造られたばかりで、まだ何もしていない人を「良し」としたからです。そのことを知るなら虚無感に陥ることは決してない、そう聖書は主張しているのです。

②**神に似せて造られた人間**　神は「われわれのかたちとして、われわ

れに似せて」(1：26) 人間を造りました。「われわれ」というのは、ヘブル語特有の「敬称の複数」とか「尊厳の複数」と呼ばれる用法とも言われています（例えば、シェークスピアの作品に登場する王たちは自分のことをWeと複数形で言います。ロイヤルWe〈王室の「我々」〉と呼ばれる用法ですが、これに似ています。）。また、「われわれ」は、三位一体の神を表すという説もあります。人間のどこが神のかたちなのか、神に似ているのか、ということについては、意思や理性や感情といったさまざまなことがあげられるでしょうが、何よりも互いの間に愛し合うコミュニケーションが成立することが重要です。聖書の全巻を通して続く神と人の対話はそのことを示しています。

　③愛のために造られた人間　神は被造物を喜び、愛する。人間も神に似せて、神を愛するように造られました。また、「男と女とに彼らを創造された」(1：27)とあります。人間はたがいに愛し合うためにも造られました。さらに、人間は他の被造物を愛するためにも造られました。「彼らが、海の魚、空の鳥、家畜、地のすべてのもの、地をはうすべてのものを支配するように」(1：26)。支配というのは搾取することではなく、神のように被造物をいたわりケアすることです。この点でも人間はじゅうぶんに責任を果たしてきたとはいえないようです。

　【愛の物語　―創世記２章―】
　創世記２章では、いってみれば宇宙から地球を捉えていたテレビカメラがどんどんズームインして、人に焦点を合わせる、そんな視点の移動が行われます。特にズームインされているのはさきほどの「③愛のために造られた人間」という点です。ここまでは、行動したり語ったりするのは神だけでした。ここからは、人が加わって行動し、そして愛し始めるのです。２章において、すべての被造物の中で人が最初に登場するのは、神の最大の関心がそこにあるからです。人の前には食べることを禁じられた木の実があります。人はその命令を守ります。神を愛し、信頼して、従うのです。また人には、パートナーが必要です。あらゆる動物が人のパートナーにふさわしくなかったことは、男女がたがいにとってどれほどかけがえのないパートナーであるかを語るものです。「それゆえ男はその父母を離れ、妻と結び合い、ふたりは一体となるのである。人とその妻は、

ふたりとも裸であったが、互いに恥ずかしいと思わなかった」（2：24〜25）とあるのは結婚が神聖であることを宣言する箇所です。

「ふたりとも裸であったが、互いに恥ずかしいと思わなかった」とあるのは、性的な関係も含んだ互いの関係が健やかであったことを暗示しています。聖書が肉体や性を汚れたものとみなしていないこともまた見のがしてはならないでしょう。古来からある「二元論」（物質を悪、精神を善とみなし、いたずらに禁欲を奨励するような思想）は聖書の中にはありません。神が造られたものはすべてよいものです。肉体も性も本来、善なるものなのです。

なお、「男から取ったあばら骨から女が造られた」というこの箇所は男女差別に結びつく箇所ではなく、むしろ「互い」の関係の密接さを物語っていると読むべきでしょう。「これこそ、今や、私の骨からの骨、私の肉からの肉。これを女と名づけよう。これは男から取られたのだから」（2：23）は史上最古のラブ・ソングと呼ばれるところです。

最初の人の名前の「アダム」（3：21）というのは、実は固有名詞ではなく、ヘブル語で「人」を意味する普通名詞であることも心にとめておいてください。互いに愛し合いつつ、共に生きることの大切さは、すべての人にあてはまると、読むこともできます。

【聖書の成立】

第一回の「聖書を読む会」、いかがでしたでしょうか。お気づきになったと思いますが、聖書の成立の年代や経緯については、話しませんでした。諸説があるということ、特にクリスチャンか否かによって大きく見解が分かれることが、その理由のひとつですが、それとともに、最終的に成立した現在の形の聖書が何を語っているかを読むことが今回のコースの目的だからです。最小限、必要な背景については、おいおい触れることにしたいと思います。次回は創世記3章を読むことにしましょう。

【聖書の舞台】

簡単な地図で聖書の舞台を確認しておきましょう。

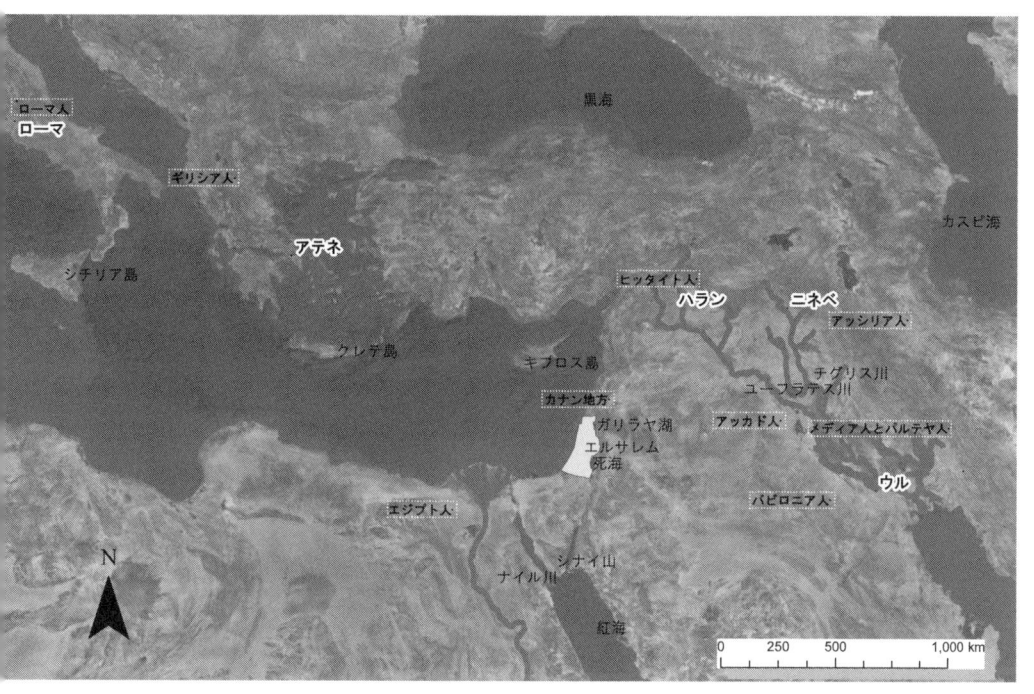

図1.1 聖書の舞台

> **コラム1　神の呼び名**
>
> 　新改訳聖書の旧約聖書で、主と太字で記してあるところはYHWH（ヘブル語をラテン文字に置き換えて表記）という神の名を訳したものです。ヘブル語のアルファベットには母音がありません。例えばHは、ハ・ヒ・フ・ヘ・ホのいずれにも発音可能なのです。一方イスラエル人たちは十誡の第三誡をそのまま守って、YHWHを発音しないで、代わりにアドナイ（わが主）と読み換えていました。母音記号が導入されたとき、アドナイにつける母音記号をYHWHにつけるとYeHoWaH（イェホワ→エホバ）になります。かつては文語訳聖書にはエホバと記されていましたが、研究の成果により現在では、YHWH「ヤハウェ」と読むと推定されています。

【年表】

ここで聖書に関連する主なできごとの年表を掲げておきます。

表1.2　聖書の主な出来事（年表）

年　代	できごと	聖書の箇所
【旧約時代】		

第1回　天地創造

紀元前 2050 年頃	アブラム（アブラハム）カナンを目指す。	創世記 12 章〜
1900 年頃	ヤコブ（イスラエル）、兄から逃亡し、後に帰還。	創世記 28 章〜
1800 年頃	ヨセフ、エジプトの宰相となり、家族を飢饉から救う。	創世記 37 章
1440 年頃	モーセ、イスラエルを率いて出エジプト。	出エジプト記
1400 年頃	ヨシュア、イスラエルを率いてカナン侵入。	ヨシュア記
1250 年頃	このころからイスラエルは混乱と停滞の時代。	士師記
1050 年頃	イスラエルに王制始まる。初代の王はサウル。	Ⅰサムエル記 9 章〜
1000 年頃	ダビデ、第 2 代の王になる。第 3 代はソロモン。王国絶頂へ。	Ⅱサムエル記 1 章〜
930 年頃	王国、北イスラエルと南ユダに分裂。	Ⅰ列王記 12 章〜
850 年頃	預言者エリヤ、悪王アハブと対決。預言者たち活躍の時代。	Ⅰ列王記 17 章〜
722 年	北王国イスラエル、アッシリヤに滅ぼされる。	Ⅱ列王記 17 章
616 年	アッシリヤ、バビロン帝国に滅ぼされる。	
587 年	首都エルサレム陥落。南王国ユダ、バビロン捕囚に。	Ⅱ列王記 25 章〜
539 年	バビロン、ペルシャに征服される。	
537 年頃	捕囚から南ユダへの帰還が始まる。神殿の再建。	ネヘミヤ記・エズラ記
【中間時代】		
331 年頃	マケドニヤのアレクサンドロス大王、ペルシャを滅ぼす。	
300 年頃	ユダヤ、プトレマイオス朝エジプトの支配下に入る。	
200 年頃	ユダヤ、セレウコス朝シリヤの支配下に入る。	
150 年頃	マカベア家、ユダヤを率いて反乱、独立を勝ちとる。	
63 年頃	ローマ、エルサレムを占拠。	
【新約時代】		
紀元前 4 年頃	イエス・キリストの誕生。	マタイ、ルカの福音書
紀元 30 年頃	イエス・キリスト、働きの開始。	各福音書
33 年頃	イエス・キリストの十字架と復活。	各福音書
48 年から	パウロの第一次伝道旅行（キプロス・ガラテヤ）。	使徒 13 章〜
49 年から	パウロの第二次伝道旅行（ガラテヤ・アジア・ギリシャ）。	使徒 15 章〜

53年から	パウロの第三次伝道旅行（ガラテヤ・アジア・ギリシャ）。	使徒18章〜
60年	パウロ、ローマに到着。	使徒28章
70年	ユダヤ、ローマに反乱し鎮圧される。エルサレム陥落。神殿も徹底的に破壊。	

【旧約聖書の概要】＊旧約聖書39巻の概要を一覧表にしました。

表1.3　旧約聖書39巻内容一覧表

五書 （律法）	創世記	天地創造、カインとアベル、ノアの洪水、バベルの塔などに続き、アブラハム、イサク、ヤコブたち族長の物語、そしてヨセフがエジプトに売られ、一族がエジプトに移り住むまで。
	出エジプト記	モーセに率いられたイスラエル12部族のエジプト脱出から、シナイ山での十誡授与、神の幕屋の建設。
	レビ記	ヤハウェがイスラエルの神であり、イスラエルがヤハウェの民であるための、守るべき戒律集。
	民数記	「出エジプト記」の続編ともいうべき書。イスラエルは、不信仰と不従順のため挫折を繰り返しながら、荒野を40年さすらいつつ、約束の地カナンへ進んでいく。
	申命記	カナンを目前にしたモーセの、民への決別のメッセージと死。
歴史書	ヨシュア記	モーセの後継者ヨシュアがイスラエルを率いて、エリコの町をはじめ、カナンの全土を占領し、それを12の領地に分割して行く。
	士師記	「士師」すなわち、王制成立以前の英雄たちとその時代の記録。
	ルツ記	異民族モアブの女ルツが、ダビデ家の祖先と結婚するまでを記した、士師記の時代のサイドストーリー。
	サムエル記第一	神が預言者サムエルをとおしてサウルを王位につけ、イスラエルが王制に移行する。その後、羊飼いダビデが王となる。
	サムエル記第二	ダビデ王の時代、ダビデの罪と回復。
	列王記第一	ダビデの治世の終わりからソロモンの黄金時代を経て、王国の分裂時代を描く。

第1回　天地創造

歴史書	列王記第二	両王国の崩壊から、紀元前722年のサマリヤ陥落、587年のエルサレム陥落にいたるまで。
	歴代誌第一	サムエル記や列王記を前提に、独自の歴史観を展開。サウルとダビデの時代。
	歴代誌第二	ソロモンの治世。王国分裂後は南王国ユダを描く。エルサレムの陥落までとクロス王による解放の宣言。
	エズラ記	バビロン捕囚後の時代を伝える。バビロンからの帰還、ソロモン神殿の再建が記されている。
	ネヘミヤ記	「エズラ記」とともにバビロン捕囚後の時代。ペルシア帝国の官吏としてエルサレムを訪れたネヘミヤによる"回想"の体裁で、神殿の再建と律法による共同体の再生を描く。
	エステル記	アケメネス朝ペルシア帝国の王妃となったエステルが同胞のイスラエル2支族の危機を救う。プリム祭の起源。
詩歌と知恵文学	ヨブ記	古代の族長ヨブは罪がないのに苦しみにあう。「正しい人をなぜ神は苦しみにあわせるのか」という問題に正面から取り組む特色ある書。
	詩篇	紀元前10世紀から紀元前2世紀頃までの約800年の間に歌われてきた神への感謝・喜び・嘆き等人間の感情と経験の全容を表現した詩150篇。
	箴言	ヘブライ版ことわざ集。神と人との関係のあり方や人生の目的、生きるための指針を集めている。
	伝道者の書	人間の生と死、神と人との関係を模索する。
	雅歌	男女の愛を主題とした一連の叙情詩。伝統的には神とイスラエルの愛、あるいは神とキリスト教会の愛をあらわすとされてきた。
預言書	イザヤ書	イザヤは紀元前8世紀のエルサレムの預言者。当時の社会、宗教、政治を鋭く糾弾、批判。古代イスラエル王国の滅亡と回復、メシアの再臨が主題。
	エレミヤ書	エレミヤは紀元前7世紀のユダの預言者。エルサレム陥落後もとどまり、最後はエジプトで生涯を閉じた。暗い時代に嘆きと同時に希望を失わずに語り続けた。エゼキエルやダニエルと同時代に活躍。
	哀歌	エルサレムの陥落と神殿破壊を嘆く作者不明の歌。

預言書	エゼキエル書	紀元前597年、バビロン捕囚に連行された1万人の民の中に預言者エゼキエルがいた。情熱あふれる預言で、捕囚は短期間であるという偽りの希望を廃し、本当の希望は神と共にあることを語る。難解な書でもある。
	ダニエル書	バビロン捕囚中にネブカデネザルの宮殿で活躍した預言者ダニエルの生涯と預言。終末論的な趣をもつ。
	ホセア書	紀元前8世紀、北王国イスラエルの預言者ホセアによる預言。不貞の妻との関わりをとおして神の愛と痛みを知った者の心の叫び。
	ヨエル書	南ユダの預言者ヨエルの年代は不明。悔い改めへの呼びかけが語られている。
	アモス書	祭司ではない預言者アモスはユダの出身だが、北王国イスラエルに派遣され、紀元前8世紀の社会の堕落に警告。
	オバデヤ書	章のない、旧約中一番小さい書。エドム滅亡を預言。
	ヨナ書	アッシリヤの首都ニネベに海外宣教を行う預言者ヨナ。フィクションなのかノンフィクションなのか。いずれにしても全世界に向けられた神の関心を語る。
	ミカ書	紀元前8世紀のユダの預言者ミカが南北両王国に預言。不正を非難すると共に、エルサレムが世界の中心となりベツレヘムに偉大なダビデが誕生することを告げる。
	ナホム書	アッシリヤの首都ニネベの滅亡を預言。
	ハバクク書	紀元前7世紀後半のハバククが神の民が苦しみ、邪悪な国民が安全であるという現実を論じる。
	ゼパニヤ書	紀元前7世紀後半、王家の出身の預言者ゼパニヤがユダに対して警告を発する。
	ハガイ書	紀元前520年、捕囚後帰還したユダヤ人たちの神殿再建を励ましたハガイの預言。
	ゼカリヤ書	紀元前520—518年、捕囚後帰還したユダヤ人たちの神殿再建を励ましたゼカリヤの預言。
	マラキ書	紀元前450年前後のマラキの預言。神の定めた標準と礼拝の回復を訴える。

＊新約聖書の概要は100頁、表11.2にあります。

第2回　アダムとその妻

学びのポイント
- 聖書によれば、人が善に傾くか、悪に傾くかは、何にかかっているのでしょうか。
- 罪の本質とは何でしょうか。
- 全能の神が、神に反逆する力を持つ人間を造ったのはなぜでしょうか。
- 人に裏切られた神は、どのように行動したでしょうか。

【創世記3章】

では今日の箇所、創世記3章を朗読していただきます。3章では、非常に良かった世界に悪が入りこみます。この後聖書を読み進む上でたいへん重要なところですので、ていねいに見ていきましょう。

【ハネムーンの終わり】

へびの登場は突然です。このことは人を悪へと誘う力が実際に存在すること、けれどもその起源は私たちには知らされていないことを示しているようです。このへびは被造物です。前回読んだ創世記1章31節には「神はお造りになったすべてのものを見られた。見よ。それは非常に良かった」とありました。へびは非常に良かったはずの被造物のひとつです。それなのに人を誘惑します。このことは、すべての被造物は、善にも悪にも傾きうる存在であることを語っています。人についても同じことが言えます。では人が善に傾くか、悪に傾くかを決めるのは何でしょうか。女とへびとの会話から、そのヒントを探してみましょう。女とへびの会話、そしてそこで問題になった「神がほんとうに言ったこと」を表にしてみました。

表2.1　「女とへびの会話」と「神がほんとうに言ったこと」

女とへびの会話	神がほんとうに言ったこと
3：1「あなたがたは、園の<u>どんな木からも食べてはならない</u>、と神は、ほんとうに言われたのですか。」	
3：2「私たちは、園にある木の実を食べてよいのです。 3：3 しかし、<u>園の中央にある木の実について</u>、神は、『あなたがたは、それを食べてはならない。<u>それに触れてもいけない。あなたがたが死ぬといけないからだ</u>』と仰せになりました。」	2：16「あなたは、園の<u>どの木からでも思いのまま食べてよい。</u> 2：17 しかし、<u>善悪の知識の木からは取って食べてはならない。それを取って食べるとき、あなたは必ず死ぬ。</u>」
3：4「<u>あなたがたは決して死にません。</u> 3：5 あなたがたがそれを食べるその時、あなたがたの目が開け、<u>あなたがたが神のようになり、</u>善悪を知るようになることを神は知っているのです。」	

　表2.1の下線部に注目してください。へびは「神がほんとうに言ったこと」を正確に知った上で、それを言い換えました。「どの木からでも思いのまま食べてよい」（2：16）をわざと「どんな木からも食べてはならない」（3：1）と言い変えて、「ほんとうに言われたのですか」と質問しました。この言い変えは「やかましく干渉する神」というイメージを女に植え付けようとするものだったのでしょう。それは功を奏したようです。今まで完全に信頼していた神に対して、女はふと疑いの始まりのような

第2回　アダムとその妻

ものを感じました。それは、女の答の中に表れています。女もへびと同じように神の言葉を言い変えます。神の言った「それを取って食べるとき」（2：17）は女によると「それに触れてもいけない」（3：3）となりました。へびが植え付けた「やかましく干渉する神」というイメージの影響です。もし神がそんなケチな神なら、神の言葉は信頼がおけない、そのまま受け取らなくてもよい言葉だということになります。だから女は、「あなたは必ず死ぬ」(2:17)という言葉を「あなたがたが死ぬといけないからだ」(3：3）と言い変えました。女は神の愛と善意を疑いました。そこから神との関係に破れが生じました。そこへダメを押したのが、へびの「あなたがたは決して死にません」（3：4）という偽りの言葉です。女が神を信頼しているときには入りこむ余地がなかった、神の言葉への真っ向からの反対です。けれどもこれを女は受け入れました。そして神の禁止を犯すという最初の罪を犯したのでした。聖書によるなら人が善に傾くか悪に傾くかは、神と人との関係にかかっています。その関係が健やかであるときには、人は善を選びとることができます。逆に、神との関係に問題があるなら、人は悪に傾いていく、これは創世記だけではなく、聖書の全巻を貫いている原則です。

【罪の本質とは】

　この最初の罪には、聖書が罪の本質と考えるものが浮かび上がっています。最初の男の名「アダム」は固有名詞ではなく、「人」をあらわす普通名詞であることを前回お話ししました。ですからこの３章も私たちのことだと思って読むとよくわかります。へびのことばに「あなたがたが神のようになり」（3：5）とあります。神が禁じたのはたった一つ、「善悪の知識の木」（2：17）の実を食べることでした。けれども、人はそのたった一つの戒めをがまんすることができませんでした。人にはそんな性質があるようです。自分より上に自分に命令する存在がいることががまんできなくて、反抗したくなってしまう、私たちはみなそんな経験を持っていると思います。この思いが行きつくところは、自分を至高の存在と考え、だれにも自分に指図をさせないと決意することでしょう。へびの「あな

たがたが神のようになり」（3：5）は、このことをズバリと言い当てているように思えます。ミルトンの『失楽園』のサタンの言葉の中に、「天国において奴隷たるよりは、地獄の支配者たる方が、どれほどよいことか！」とあります（岩波文庫、上巻21頁）。私たちにも、たとえ正統な権威であったとしても自分に命令する者を許せなかったり、優しい心遣いから差し伸べられる手を受け入れることができなかったりする傾向が確かにあるようです。（この章の終わりのコラムをご参照ください）

【創造のパラドックス】

　それにつけても神の被造物である人が、神に反逆する力を持っているということは不思議なように思えます。神が全知であるならば、人間がそのような反逆をすることも知っていたのではないでしょうか？　知っていたなら、それでもあえて人を造ったのはなぜでしょうか？　そもそも神に反抗することができるような人間を「非常に良」（1：31）い被造物だということができるのでしょうか？

　前回、創世記の1章と2章から、人が創造された目的は、愛だということを学びました。人は神と愛し合うため、また、人間同士たがいに愛し合うために造られたのでした。愛するとはどういうことでしょうか？　私たちがよく知っているように、愛することをだれかに強要することはだれにもできません。愛は自発的に選ぶものです。裏を返せば、愛することを選ぶことができるということは、愛さないことを選ぶこともできるということでしょう。ここに創造における愛のパラドックスがあります。全能の神にできないことが生じるのです。神がひとたび、人に愛するか愛さないかを選ぶ自由を与えたなら、神にもその結果を左右することはできません。そんなことをすればその愛は本当の愛ではなくなってしまうからです。神は自分に反抗する可能性を持った人間を造りました。神にとって人間の自発的な愛はそれほど価値あるものだったようです。人が神を選ぶかどうか。それはいつも神にとって大きな関心事です。人がもし、神を選ぶことによって「神のようになりたい」という誘惑を退けたなら、「善悪の知識の木」

第2回　アダムとその妻

ではなく「いのちの木」の実を食べ、永遠に神とともに生きることを選んだことでしょう。「いのちの木」の実は禁じられていなかったのですから。けれども人は自分から永遠を手放しました。そして神に背を向けて生きることを選んだのでした。

【そして神は】

人の反抗によって、神と人とのハネムーンが終わったとき、裏切られた夫のような立場の神はどのように行動したでしょうか。これを表にしました。

表2.2　「神の言葉」と「男と女の言葉」

神の言葉	男と女の言葉
3：9　神である主は、人に呼びかけ、彼に仰せられた。「**あなたは、どこにいるのか。**」	
	3：10　彼は答えた。「私は園で、あなたの声を聞きました。それで私は裸なので、恐れて、隠れました。」
3：11　すると、仰せになった。「あなたが裸であるのを、だれがあなたに教えたのか。あなたは、食べてはならない、と命じておいた木から食べたのか。」	
	3：12　人は言った。「**あなたが私のそばに置かれたこの女が、あの木から取って私にくれたので、私は食べたのです。**」
3：13　そこで、神である主は女に仰せられた。「あなたは、いったいなんということをしたのか。」	
	3：13　女は答えた。「蛇が私を惑わしたのです。それで私は食べたのです。」
【へびへの宣告】 3：14　神である主は蛇に仰せられた。「おまえが、こんな事をしたので、おまえは、あらゆる家畜、あらゆる野の獣よりものろわれる。おまえは、一生、腹ばいで歩き、ちりを食べなければならない。	

> 3：15 わたしは、おまえと女との間に、また、おまえの子孫と女の子孫との間に、敵意を置く。<u>彼は、おまえの頭を踏み砕き、おまえは、彼のかかとにかみつく。</u>」
>
> **【女への宣告】**
> 3：16 女にはこう仰せられた。「わたしは、あなたのうめきと苦しみを大いに増す。あなたは、苦しんで子を産まなければならない。しかも、あなたは夫を恋い慕うが、彼は、あなたを支配することになる。」
>
> **【人への宣告】**
> 3：17 また、人に仰せられた。「あなたが、妻の声に聞き従い、食べてはならないとわたしが命じておいた木から食べたので、土地は、あなたのゆえにのろわれてしまった。あなたは、一生、苦しんで食を得なければならない。
> 3：18 土地は、あなたのために、いばらとあざみを生えさせ、あなたは、野の草を食べなければならない。
> 3：19 あなたは、顔に汗を流して糧を得、ついに、あなたは土に帰る。あなたはそこから取られたのだから。あなたはちりだから、ちりに帰らなければならない。」

　罪を犯した人は神から隠れました。けれども神は、「あなたは、どこにいるのか」(3:9)と呼びかけました。迷子を探すように神は人を探しました。エデンの園から追い出すときにも「神である主は、アダムとその妻のために、皮の衣を作り、彼らに着せてくださった」(3:21)とあります。人は「あなたが私のそばに置かれたこの女が、あの木から取って私にくれたので、私は食べたのです」(3:12)と最愛であったはずのパートナーのせいにして、なりふりかまわず逃れようとします。どうやら罪は、神との関係だけではなく、人間どうしの関係も損ねるようです。けれども神は、人の言い訳、女の言い訳にしんぼう強く耳を傾けているように見えます。

第2回　アダムとその妻

　そして、宣告がくだされます。くだされた宣告は、へびに対してもっとも厳しいものでした。神と人とを引き離す罪に対する神の怒りの激しさがうかがえるようです。「彼は、おまえの頭を踏み砕き」(3：15)とあります。クリスチャンたちは、ここをイエス・キリストの十字架の預言だと考えます。みなさんは、どう思われるでしょうか。女に対しては産みの苦しみを増すことと男への従属が言われています。ここにも男尊女卑ではなく、もっと深い意味が込められていると考えることができます。増し加わったのは、産みの苦しみだけではなく、病や死や悲しみもです。それらが、体力的に弱い女性にとっては特に厳しいのはうなずけることです。男性に命じられているのは、女性をカバーすることのように見えます。そして、最後に人は、男も女も、生きていくための苦しい労働を宣告されます。喜びと誇りに満ちて世界をケアすることであった労働の意味が変わってしまったということでしょう。けれども、これらの宣告の中には、やはり神のいたわりがこだましているように見えます。人の罪によって、神と人との関係も、人と人との関係も、人と他の被造物との関係も傷ついてしまいました。けれども、神は被造物を投げ出すことはしません。振り出しにもどすこともしません。人間が意志をもって決断した結果であるこの世界を尊重し、この世界をこの世界なりにケアし続けようとしているように見えるのです。「あなたは、どこにいるのか」。それは最初の人だけに対する呼びかけではありません。すべての人は「あなたは、どこにいるのか」と神によって探されているのです。

> **コラム2　善悪の知識の木**
> 「善悪の知識の木」が意味するのは、善と悪という両極端とその中間にあるすべてのものです。ですから、この木の実をとって食べることは、すべてを知ることでした。まさしく「神のように」なることを意味していたのです。

【次回】

　次回は創世記の残りの部分を読みます。12章から始めて、読めるところまでお読みくださっていると理解の助けになるでしょう。

第3回　族長たちの物語

学びのポイント
- 聖書によれば、神が好むご自分の呼び名は何でしょうか。
- 聖書にある驚くような長寿の記録には、どのような意味があるのでしょうか。
- 聖書によれば、神がアブラハムからユダヤ民族を起こしたのは何のためでしょうか。

【族長たちの物語】

創世記にはまだまだ、ノアの洪水など興味深い記事がありますが、それらすべてを見ることはできません。今日は、創世記12章を朗読していただきます。

創世記12章以下の族長たちの物語は、ずいぶん長いものですので、主要なできごとを表のかたちに整理してみました。左の欄外には中心人物の名前を記しています。

表3.1　族長たちの物語

創世記章：節	できごと
12：1－9	神、アブラム（75歳）を呼び出し、約束の地カナンへ。 12：1　主はアブラムに仰せられた。「あなたは、あなたの生まれ故郷、あなたの父の家を出て、わたしが示す地へ行きなさい。 12：2　そうすれば、わたしはあなたを大いなる国民とし、あなたを祝福し、…… 12：3b 地上のすべての民族は、あなたによって祝福される

（アブラハム）

第3回　族長たちの物語

アブラハム	12：10〜20	アブラム、ききんのためエジプトへ。身を守るために、妻サライをパロにさしだすが、神の介入により解放される。
	13章	アブラムとおいのロト、再びカナンへ。アブラム、土地の選択権をロトに譲り、ロトは豊かだがよこしまな人々の住むソドムに近い場所を選ぶ。
	14章	ロト、王たちの戦いに巻き込まれ拉致されるが、アブラムが取り戻す。
	15章	神、アブラムに子孫を約束する。 15：5　そして、彼を外に連れ出して仰せられた。「さあ、天を見上げなさい。星を数えることができるなら、それを数えなさい。」さらに仰せられた。「あなたの子孫はこのようになる。」 15：6　彼は主を信じた。主はそれを彼の義と認められた。
	16章	妻サライ、女奴隷ハガルをアブラムに与え、イシュマエルが生まれる。ユダヤ人とムスリム（イスラーム教徒）はともに、イシュマエルをアラブ人の祖先とみなす。このときアブラム86歳。
	17章	神はアブラムと契約を結び、アブラムはアブラハムに、サライはサラになる。アブラハム99歳。サラ89歳。割礼の制定。 17：1　アブラムが九十九歳になったとき主はアブラムに現れ、こう仰せられた。「わたしは全能の神である。あなたはわたしの前を歩み、全き者であれ。 17：2　わたしは、わたしの契約を、わたしとあなたとの間に立てる。わたしは、あなたをおびただしくふやそう。」
	18章	神、旅人の姿でアブラハムを訪れ、飲み食いする。アブラハム、ソドムのために取りなす。 18：32　彼はまた言った。 「主よ。どうかお怒りにならないで、今一度だけ私に言わせてください。もしやそこに十人見つかるかもしれません。」すると主は仰せられた。「滅ぼすまい。その十人のために。」

アブラハム	19章	ソドムの滅亡。塩の柱になったロトの妻。近親相姦によるモアブ人、アモン人の発生。
	20章	アブラハム、再び妻サラをゲラルの王にさしだすが、神は王がサラに触れないように介入。
	21章	イサクの誕生。アブラハム100歳、サラ90歳。
	22章	神、アブラハムを試練に。「主の山の上には備えがある」 22：2 神は仰せられた。 「あなたの子、あなたの愛しているひとり子イサクを連れて、モリヤの地に行きなさい。そしてわたしがあなたに示す一つの山の上で、全焼のいけにえとしてイサクをわたしにささげなさい。」
	23章	サラの死と葬り、127歳。
	24章	イサクの嫁取り。アブラハムの兄弟の孫リベカをめとる。
イサク	25章	アブラハムの再婚と死、175歳。イサクとリベカに双子のエサウとヤコブ誕生。ヤコブ、兄エサウから長子の権利を買う。エサウもこの権利を軽んじた。
	26章	イサクもまた、妻リベカを妹といつわるが、神は民がリベカに触れないように介入。エサウ、ヘテ人の2人の妻をめとる。
	27章	ヤコブ、父イサクをだましてエサウから長子の祝福を奪う。
ヤコブ	28章	ヤコブ、エサウの怒りを恐れて逃亡。 ベテルで天からのはしごの夢を見る。神、ヤコブを祝福。 28：13 そして、見よ。主が彼のかたわらに立っておられた。そして仰せられた。「わたしはあなたの父アブラハムの神、イサクの神、主である。わたしはあなたが横たわっているこの地を、あなたとあなたの子孫とに与える。 28：14 あなたの子孫は地のちりのように多くなり、あなたは、西、東、北、南へと広がり、地上のすべての民族は、あなたとあなたの子孫によって祝福される。 28：15 見よ。わたしはあなたとともにあり、あなたがどこへ行っても、あなたを守り、あなたをこの地に連れ戻そう。わたしは、あなたに約束したことを成し遂げるまで、決してあなたを捨てない。」

第3回　族長たちの物語

	29章～30章	ヤコブ、母リベカの兄ラバンのもとに身を寄せる。ラバンの娘ラケルに恋し、彼女をめとるために7年間働くが、ラバンに欺かれ、姉レアと結婚する。さらに7年間働いてラケルをめとる。以後、レアとラケルの子をもうける競争は激しく12人の息子と1人の娘が生まれる。①ルベン（母はレア）②シメオン（母はレア）③レビ（母はレア）④ユダ（母はレア）⑤ダン（母はラケルの女奴隷ビルハ）⑥ナフタリ（母はビルハ）⑦ガド（母はレアの女奴隷ジルパ）⑧アシェル（母はジルパ）⑨イッサカル（母はレア）⑩ゼブルン（母はレア）☆ディナ（母はレア）⑪ヨセフ（母はラケル）⑫ベニヤミン（母はラケル）さらに6年間働いて、ヤコブ、自分の群れをもつことになる。
	31章	ヤコブの一家、ラバンと別れて故郷へ旅立つ。
	32章	ヤコブ、兄エサウとの対面前夜、徹夜で神と組み打ちし、もものつがいを打たれる。イスラエル（神と争う）という名を与えられる。
	33章	ヤコブ、エサウと再会するが、距離をとって住む。
	34章	ディナ、ヒビ人にはずかしめられ、シメオンとレビが復讐し、ヤコブ嘆く。
	35章	ヤコブ、ベテルに祭壇を築き住む。ラケル、ベニヤミンを産み、死ぬ。イサク死ぬ、180歳。ルベン、父ヤコブのそばめビルハと寝る。
	36章	エサウの末裔、エドム人の系図。
	37章	父ヤコブに偏愛されたヨセフ、兄たちのねたみを買い、エジプトに売られる。
	38章	ユダの嫁タマル、ユダの不正に抗議し、たくらみをもってユダの子をもうける。
	39章	奴隷になったヨセフ、主人の信頼を得るが、主人の妻の誘惑を拒絶して入獄。
	40章	ヨセフ、牢獄でも信頼を得、また高官の夢を解く。

（左側の縦棒：イサク／ヤコブ／ヨセフ）

ヤコブ	41章	パロの夢を解いたヨセフはエジプトの宰相となり、国をききんから救う。
	42章	ヤコブの息子たち、食料を買いにエジプトへ。ヨセフ、シメオンを人質に。
	43章	兄弟たち、再びエジプトへ。
	44章	ヨセフ、はかりごとをもって、兄弟たちを責める。
	45章	ヨセフ、兄弟たちと和解。
	46章	父ヤコブ、子孫66人とその妻たち、エジプトへ。
ヨセフ	47章	ヤコブ一族の定住。ヨセフの統治。
	48章	イスラエル（ヤコブ）、臨終にあたってヨセフの長男マナセと次男エフライムを自分の子と同列に扱うことを宣言。また、エフライムに長子の祝福を与える。
	49章	ヤコブの死。147歳（47：28）。
	50章	ヨセフの死、110歳。 50：24 ヨセフは兄弟たちに言った。「私は死のうとしている。神は必ずあなたがたを顧みて、この地からアブラハム、イサク、ヤコブに誓われた地へ上らせてくださいます。」 50：25 そうして、ヨセフはイスラエルの子らに誓わせて、「神は必ずあなたがたを顧みてくださるから、そのとき、あなたがたは私の遺体をここから携え上ってください」と言った。

　以上の流れをもう一度、系図と地図で確認してみることにしましょう。

【族長たちの系図】
　アブラハムに始まるユダヤ人の系図は、そのまま人の弱さと神のあわれみを表しているようです。イスラエルの12部族にしても、四人の女性の激しい葛藤なしには生み出されませんでした。（次頁系図参照）

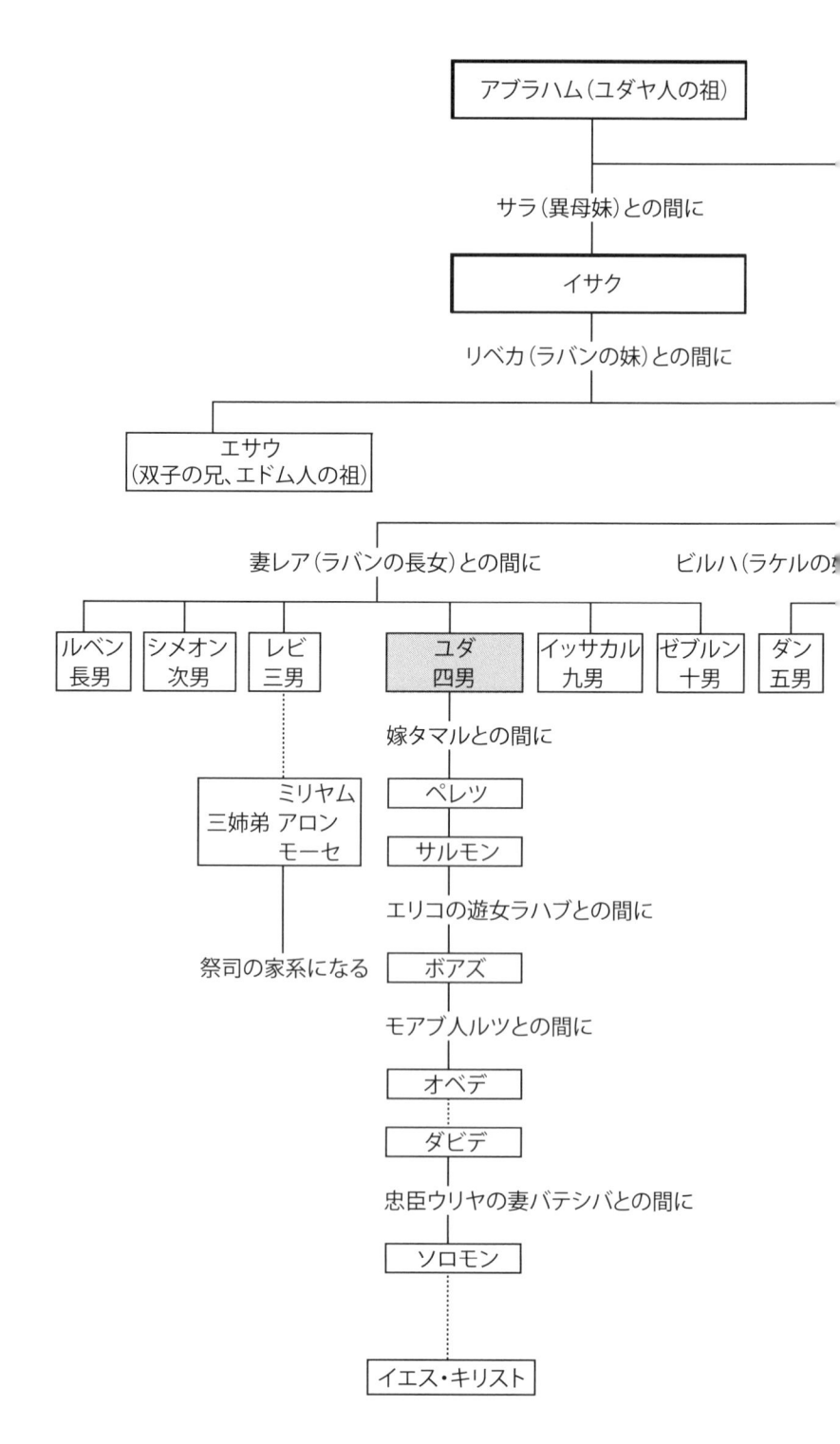

```
                    ┌─────────────────────────┐
                    │ アブラハム（ユダヤ人の祖）│
                    └─────────────────────────┘
                         │ サラ（異母妹）との間に
                    ┌─────────┐
                    │  イサク  │
                    └─────────┘
                         │ リベカ（ラバンの妹）との間に
          ┌──────────────┴──────────────┐
    ┌──────────────────┐
    │      エサウ       │
    │（双子の兄、エドム人の祖）│
    └──────────────────┘
                       妻レア（ラバンの長女）との間に        ビルハ（ラケルの）
   ┌──────┬──────┬──────┼──────┬──────┐        ┌──
 ┌────┐┌────┐┌────┐┌────┐┌────┐┌────┐      ┌────┐
 │ルベン││シメオン││ レビ ││ ユダ ││イッサカル││ゼブルン│      │ ダン │
 │長男 ││次男  ││三男 ││四男 ││九男   ││十男  │      │五男 │
 └────┘└────┘└────┘└────┘└────┘└────┘      └────┘
                       │        │ 嫁タマルとの間に
                       │      ┌────┐
                    ミリヤム   │ペレツ│
                 三姉弟 アロン  └────┘
                       モーセ   │
                              ┌────┐
                              │サルモン│
                              └────┘
                                │ エリコの遊女ラハブとの間に
                              ┌────┐
             祭司の家系になる   │ボアズ│
                              └────┘
                                │ モアブ人ルツとの間に
                              ┌────┐
                              │オベデ│
                              └────┘
                                │
                              ┌────┐
                              │ダビデ│
                              └────┘
                                │ 忠臣ウリヤの妻バテシバとの間に
                              ┌────┐
                              │ソロモン│
                              └────┘
                                │
                           ┌──────────┐
                           │イエス・キリスト│
                           └──────────┘
```

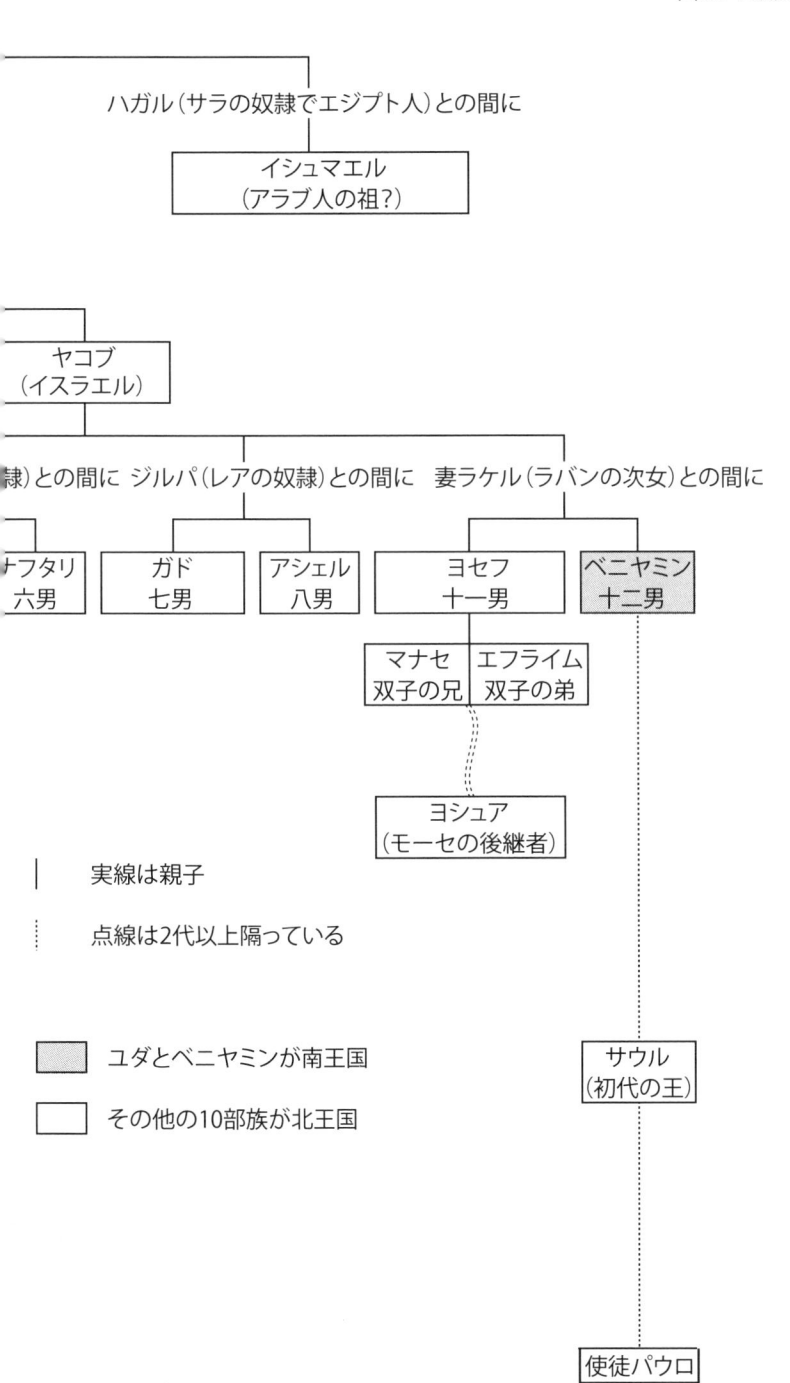

図3.1 族長たちの系図

ハガル(サラの奴隷でエジプト人)との間に
　イシュマエル
　(アラブ人の祖?)

ヤコブ
(イスラエル)

...隷)との間に　ジルパ(レアの奴隷)との間に　妻ラケル(ラバンの次女)との間に

| ナフタリ 六男 | ガド 七男 | アシェル 八男 | ヨセフ 十一男 | ベニヤミン 十二男 |

マナセ 双子の兄 ｜ エフライム 双子の弟

ヨシュア
(モーセの後継者)

| 実線は親子
⋮ 点線は2代以上隔っている

▨ ユダとベニヤミンが南王国
☐ その他の10部族が北王国

サウル
(初代の王)

使徒パウロ

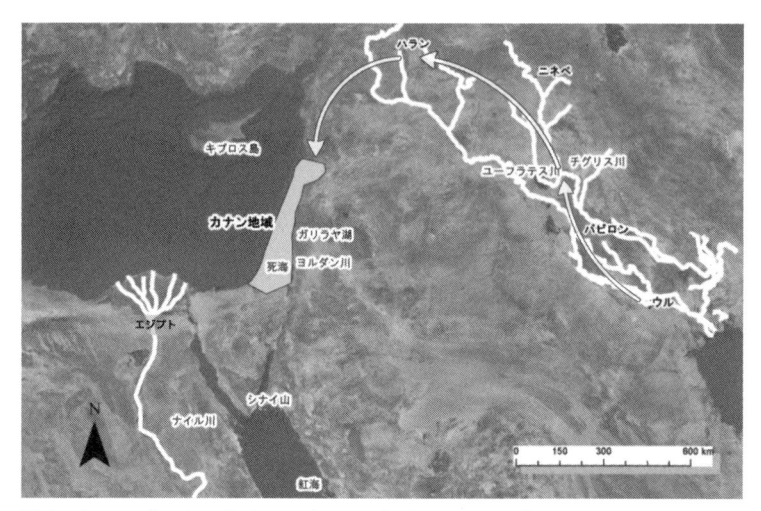

第3回　族長たちの物語

図3.2　アブラム、カナンへ↑　　↓図3.3　アブラハム・イサク・ヤコブ関係図

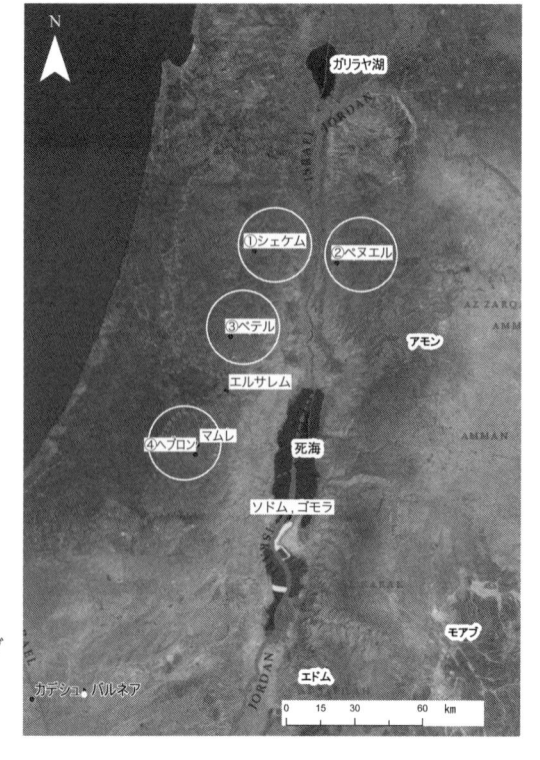

①シェケム
ヤコブの娘ディナの
陵辱と復讐
創世記34章

②ペヌエル
ヤコブ、神と格闘
創世記32章

③ベテル
ヤコブ、
天からのはしごを見る
創世記28章

④ヘブロン
アブラハム、イサク、ヤコブ
の住居

34

【アブラム、カナンへ】

アブラムは行き先を知らないで、当時の通商路沿いの千数百キロの旅に出ます。それは多神教の世界から唯一神教の世界への旅でした。(図3.2)

【アブラハムの神、イサクの神、ヤコブの神】

聖書の中で、神はしばしば自分を「アブラハムの神、イサクの神、ヤコブの神」と呼びます。聖書の神には不思議な性質があるようです。神は超越した存在でありながら、交わりを求めて自分に似せて人間を造りました。そして自分のためにどんな荘厳な名前を選ぶこともできるのに、アブラハムやイサク、ヤコブの神という名前を選ぶのです。彼らはどんな人物であったか？ アブラハムやイサクは命惜しさに妻を他人に差し出しました。ヤコブは兄エサウを押しのけて、長子の権利を手に入れようとしました。完全とはほど遠い欠けの多い普通の人々。そのような人々の神と呼ばれることが神の望みのようなのです。

【聖書の長寿】

アブラハムが100歳、サラ90歳で子が産まれ、アブラハムが175歳まで生きたということは私たちには不思議に思えます。果たして、これは文字通りの年齢なのでしょうか、それとも何かを象徴的に表現しようとしているのでしょうか。その判断はそれぞれにお任せするとしても、気づかされることがあります。アダム以後の寿命を表にして見ましたので、ご覧ください。(次頁表 3.2 参照)

まず、アブラハムは特に長命ではないということです。創世記6章で、神は人の齢を120歳と定めました。その実現を目指すかのようにだんだんと人の寿命は短くなります。アブラハムの175年の生涯はその実現に向かうカーブ上に乗っています。ですから、聖書はアブラハムが特別に長命であったと主張しているわけではないようです。

むしろ、アブラハムの特異な点は100歳での長子誕生です。これは、アダムの時代では珍しくありませんが、洪水後には30代での長子誕生が主流になっていることを考えると、突出しています。ですから、聖書は

第3回　族長たちの物語

表3.2　聖書の人々の寿命

	長男出生時	その後の生涯	合計年齢	出典
アダム	130	800	930	創世記5章
セツ	105	807	912	創世記5章
エノシュ	90	815	905	創世記5章
ケナン	70	840	910	創世記5章
マハラルエル	65	830	895	創世記5章
エレデ	162	800	962	創世記5章
エノク	65	300	※	創世記5章
※365歳のとき神に取られていなくなる			
メトシェラ	187	782	969	創世記5章
レメク	182	595	777	創世記5章
……神、人の齢（よわい）を120年にする……　創世記6章				
ノア	500	450	950	創世記9章
セム	100	500	600	創世記11章
アルパクシャデ	35	403	438	創世記11章
シェラフ	30	403	433	創世記11章
エベル	34	430	464	創世記11章
ペレグ	30	209	239	創世記11章
レウ	32	207	239	創世記11章
セルグ	30	200	230	創世記11章
ナホル	29	119	148	創世記11章
テラ	70	135	205	創世記11章
アブラハム	100	75	175	創世記17章, 25章
イサク	60	120	180	創世記25章, 35章
ヤコブ	?	?	147	創世記47章28節
ヨセフ	?	?	110	創世記50章
……400年経過……				
モーセ	?	?	120	申命記34章

アブラハムがイサクを生むときに、神の特別な介入があったことを強調していると考えるべきでしょう。

【贖いの大計画】

族長たちの物語は、ユダヤ人が自分の家系を誇るためにあるのではないようです。35章でルベンが父ヤコブのそばめビルハと寝るくだりなどを見ると特にそうです。ここでも主人公はやはり神。ユダヤ教徒とキリスト教徒は、神は創世記12章で全人類を贖う（買い戻すという意味。例えば、奴隷に売られた家族を買い戻すように）計画の実行にとりかかったと考えます。それは、一人の人物が、「そうすれば、わたしはあなたを大いなる国民とし、あなたを祝福し、あなたの名を大いなるものとしよう。あなたの名は祝福となる。」(12:2)という神の召しに応えることから始まったとも。それがアブラハムというわけです。神はアブラハムに契約を与えました。旧約聖書の「契約」を理解するためには、古代オリエント世界で大王が周辺の王と結んだ契約が参考になります。この契約は大王に忠誠であれば恩寵を施し、契約を破って謀反を試みれば厳重に懲罰をくだすのが基本です。けれども大王は、正義を行うことと弱者に恩寵を施すという資格を満たさなければなりませんでした。もちろん神は正義と恩寵に満ちた存在。この神が忠誠を求め、アブラハムと共に働いてご自分の計画を実現しようとされたのでした。

一人の弱い人間が、その弱さにもかかわらず神によって大きな役割を果たすことができる、という信念はキリスト教社会の根底にあるものかもしれません。それが、使命感をもって理想を追い求め、自己の責任において、恐れず変革を志向する西欧文化を特色づけているものなのかもしれない、とも思います。

【神の計画の不思議】

創世記の大詰め、父ヤコブの死後、兄たちはヨセフからの報復を恐れました。その兄たちにヨセフは、優しく語りかけました。「恐れることはありません。どうして、私が神の代わりでしょうか。あなたがたは、私

第3回　族長たちの物語

に悪を計りましたが、神はそれを、良いことのための計らいとなさいました。それはきょうのようにして、多くの人々を生かしておくためでした。ですから、もう恐れることはありません。私は、あなたがたや、あなたがたの子どもたちを養いましょう」（50：19〜21）。

「あなたがたは、私に悪を計りました」とあるように、弟のヨセフを奴隷として売った兄たちの罪は重大です。けれどもあわれみ深い神は、兄たちの悪の結果が悲惨な結果を招くことをとどめました。かえって売られたヨセフを用いて、エジプトを救い、そして一族を救ったのです。「神はそれを、良いことのための計らいとなさいました」とあります。どこまでが、神のオリジナルの計画で、どこからが兄たちの悪に対応しての計画の変更なのか、見事に調和のとれた一枚の絵のようなこの物語からはわかりません。それほどに自在な神の即応する力と豊かなイマジネーションに驚かされます。神のこの不思議な計画は、さらに不思議な全人類の贖いの計画の一部となっていきます。次回の出エジプトから始まるできごとがそれです。

【次回】
　次回は第4回、「出エジプトと十誡」と題して、出エジプト記の1章から20章を見ます。読めるところまで、お読みくださっていると理解の助けになるでしょう。

第4回　出エジプトと十誡

学びのポイント
・聖書によれば、律法とは何でしょうか。
・律法全体の2つの中心とは何でしょうか。
・律法と律法主義のちがいは何でしょうか。

【出エジプト】

　エジプトで奴隷になったイスラエルの民。神は彼らにみこころを留め、救い出すことにしました。出エジプト（エクソダス）です。映画「十戒」でも有名です。こうして救われたイスラエルにシナイ山で「十誡」が与えられました。

　まず、出エジプト記20章を朗読していただきましょう。

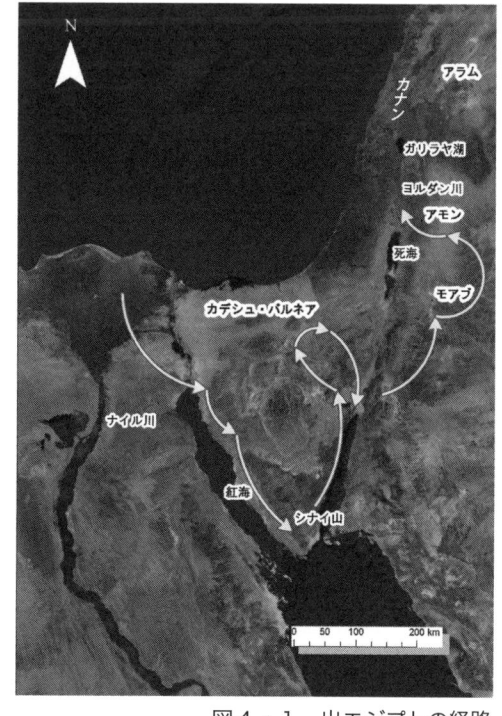

図4・1　出エジプトの経路

【十誡】

　十誡の数え方には3通りあります。大きな違いはありませんが、表にしてみました。

表4.1　十誡の数え方と内容

	多くの プロテスタント	ルター派 カトリック	ユダヤ教
第1誡	20：2「わたしは、あなたをエジプトの国、奴隷の家から連れ出した、あなたの神、主である。	前　文	第1誡
	20：3 あなたには、わたしのほかに、ほかの神々があってはならない。	第1誡	第2誡
第2誡	20：4 あなたは、自分のために、偶像を造ってはならない。上の天にあるものでも、下の地にあるものでも、地の下の水の中にあるものでも、どんな形をも造ってはならない。 20：5 それらを拝んではならない。それらに仕えてはならない。あなたの神、主であるわたしは、ねたむ神、わたしを憎む者には、父の咎を子に報い、三代、四代にまで及ぼし、 20：6 わたしを愛し、わたしの命令を守る者には、恵みを千代にまで施すからである。		
第3誡	20：7 あなたは、あなたの神、主の御名を、みだりに唱えてはならない。主は、御名をみだりに唱える者を、罰せずにはおかない。	第2誡	第3誡
第4誡	20：8 安息日を覚えて、これを聖なる日とせよ。 20：9 六日間、働いて、あなたのすべての仕事をしなければならない。 20：10 しかし七日目は、あなたの神、主の安息である。あなたはどんな仕事もしてはならない。――あなたも、あなたの息子、娘、それにあなたの男奴隷や女奴隷、家畜、また、あなたの町囲みの中	第3誡	第4誡

第4誡	にいる在留異国人も。―― 20：11 それは主が六日のうちに、天と地と海、またそれらの中にいるすべてのものを造り、七日目に休まれたからである。それゆえ、主は安息日を祝福し、これを聖なるものと宣言された。	第3誡	第4誡
第5誡	20：12 あなたの父と母を敬え。あなたの神、主が与えようとしておられる地で、あなたの齢が長くなるためである。	第4誡	第5誡
第6誡	20：13 殺してはならない。	第5誡	第6誡
第7誡	20：14 姦淫してはならない。	第6誡	第7誡
第8誡	20：15 盗んではならない。	第7誡	第8誡
第9誡	20：16 あなたの隣人に対し、偽りの証言をしてはならない。	第8誡	第9誡
第10誡	20：17 あなたの隣人の家を欲しがってはならない。すなわち隣人の妻、あるいは、その男奴隷、女奴隷、牛、ろば、すべてあなたの隣人のものを、欲しがってはならない。」	第9誡：20：17 すなわち隣人の妻を、欲しがってはならない。 第10誡：20：17 すなわち隣人の家を、欲しがってはならない。~~すなわち隣人の妻~~、あるいは、その男奴隷、女奴隷、牛、ろば、すべてあなたの隣人のものを、欲しがってはならない。」	第10誡

　十誡についてよく、本文よりも前文がたいせつだと言われます。多くのプロテスタントとユダヤ教ではこの前文を第一誡と数えるほどです。「わたしは、あなたをエジプトの国、奴隷の家から連れ出した、あなたの神、主である」(20:2)。つまり、神はまずイスラエルをエジプトから救い出し、それから十誡に代表される律法を与えたというわけです。律法は「おきて」

だと誤解されて、律法を守れば救われ、破れば滅ぼされると誤って考えられることが多いようです。そうすると、何とも窮屈なイメージが先行することになります。ところが、実際は律法の原語「トーラー」は「教える」という動詞から派生した言葉です。ですから律法は、神の一方的なあわれみによって救われた民に与えられた「神と共に歩く歩き方の教え」と理解するのがよいようです。また十誡の「誡」の原語「デバリーム」は、本来「ことば」という意味ですから、十誡は十のことば。神と共に歩く歩き方を教える最も大切な十のことばと理解するのがよいようなのです。良い行いによって救われるという考え方は聖書にはまったく無縁だと考えてよいようです。そんな意味を込めて、本書では通常の「戒」ではなく「誡」の漢字を用いてみました。なお、「律法」は以上のような「教え」という意味で用いられるほかに、旧約聖書の最初の五巻（創世記・出エジプト記・レビ記・民数記・申命記）を指す場合もあります。

【十誡〜二つの中心〜】

　十誡の第1誡から第4誡までは神との関係に関する教え、第5誡から第10誡（数え方は「多くのプロテスタント」の数え方に準じます。以下も同じです。）は、人との関係に関する教えだと言われます。ユダヤ教もキリスト教も、十誡を初めとする律法（モーセ五書）全体は二つの中心に要約することができると考えてきました。次の二つです。やはり聖書においては、どこまでも「愛」が問題になるようです。

　（1）申命記6：5
「心を尽くし、精神を尽くし、力を尽くして、あなたの神、主を愛しなさい。」
　（2）レビ記19：18
「復讐してはならない。あなたの国の人々を恨んではならない。あなたの隣人をあなた自身のように愛しなさい。」

　聖書にはこの二つに集約される多くの命令が記されています。聖書の愛は情緒的な愛ではありません。神と共に歩こうとする意志をもって実

際に行動することなのです。

【第1誡】

十誡を全部みていく時間はなさそうですので、いくつかに絞ることにしましょう。「あなたには、わたしのほかに、ほかの神々があってはならない」（20：3）という第1誡のヘブル語のニュアンスは「あなたとわたしの間に他の神などあるわけがない」に近いと言われます。イスラエルを愛する神が、イスラエルからの「わたしが愛する神はあなただけです」という愛の告白を求めているように聞こえないでしょうか。

【第4誡】

人は罪のために「一生、苦しんで食を得なければならない」（創世記3：17）ことになりました。けれども神は一週間のうち一日を休みの日、神を喜ぶ日とするように教えました。神にとっても安息日を民と共に過ごすことは喜びなのです。

レビ記には、さらに7年目ごとの「安息年」や7年の7倍の翌年、50年目ごとの「ヨベルの年」が定められています。安息年には土地を休耕します。ヨベルの年には売られた土地がもとの持ち主に戻り、奴隷になった者も解放されて家族のもとにもどることができます（レビ記25章）。もともとイスラエルの奴隷は最長でも6年間の期限付きで、7年目には解放されます（出エジプト記21：2）。聖書においては、土地は神のもの、民も神の民ですから、権利の移動は一時的にしか許されないのです。

【律法と律法主義】

本来、こうした恵みの教えであったトーラー（律法）の理解は、やがて中間時代（旧約聖書と新約聖書の間の約400年間）に律法主義に陥ってしまうことになります。諸外国の支配の下で苦難を味わったユダヤ人たちは、「神の戒めを守ったら報いを与えられ、そうでなければ罰を受ける」と考えるようになったのです。やがて現れるキリストはこの律法主義に厳しく対抗することになります。律法と律法主義の違いを考えるために、十誡

第4回　出エジプトと十誡

に続く出エジプト記23章5節を読んでみましょう。実におもしろいところです。「あなたを憎んでいる者のろばが、荷物の下敷きになっているのを見た場合、それを起こしてやりたくなくても、必ず彼といっしょに起こしてやらなければならない」。

　問題になっているのは「あなたを憎んでいる者のろば」であって、ろば一般ではないわけですから、動物愛護を訴えているわけではなさそうです。またこの教えを守らなかったからと言って、罰則が付記してあるわけでもありませんから法律のようでもありません。紀元前1750年頃のハムラビ法典と比べるとこの違いは鮮やかになります。何より「それを起こしてやりたくなくても」というのは、心のありようです。自分を憎んでいる者のろばを、起こしてやりたくなくても、起こしてやるときに何が起こるでしょうか。自分を憎んでいる者と、肩をふれあわせ、かけ声をだして、力をあわせるときに、相手の憎しみが和らいでいくかもしれません。神が願っておられるのは、そんなことのようです。神の民が和解し、愛し合うことを望んでやまない心、そんな神の心を律法にみることができるように思えるのです。ユダヤ教徒やキリスト教徒には大きな特徴があるようです。それは彼らは神が好きであることです。彼らは神への愛を告白する人々なのです。

【次回】
　次回は「王と神殿」。出エジプト記の残りから歴代誌までのかなり長い部分をカバーする予定です。サムエル記第一の8章以後をお読みになっておかれると助けになるでしょう。

第5回　王と神殿

学びのポイント
・エジプトから救い出されたイスラエル（ユダヤ民族）は、
　　神に従順だったでしょうか。
・神はそのイスラエルを、どのように扱ったでしょうか。
・イスラエルが人間の王を求めたとき、
　　神はどのような思いで応じたでしょうか。
・最初の王が神に背を向けたとき、
　　神はどのように感じたでしょうか。

【出エジプトの後】

　前回、出エジプトと十誡までを見ました。この後のイスラエルの歩みを主要な登場人物に焦点を当ててたどっていきましょう。朗読していただく聖書の箇所はサムエル記第一の8章です。

【モーセからヨシュアへ】（出エジプト記〜ヨシュア記）

　イスラエルはシナイ山で約1年、神から神と共に歩く歩き方を学びました。それは掟を守ったら救われるということとは正反対の生き方。神を愛する生き方でした。やがてイスラエルは約束の地、カナンに向かって出発します。この後の聖書は、民と共に歩こうとする神としばしば神を愛することから逸脱するイスラエルの関係を描きます。このとき行われた人口調査（民数記1〜2章）によると、20歳以上で軍務につくことのできる成人男子は60万人余りとありますから、民全体では200万人近かったのではないかと思われます。彼らは最短ルートでカナンの入り口まで行くのですが、そこで先住民を恐れ、その結果38年にわたって荒野を流浪することになりました（民数記13章以下）。その間、神はマナという

第5回 王と神殿

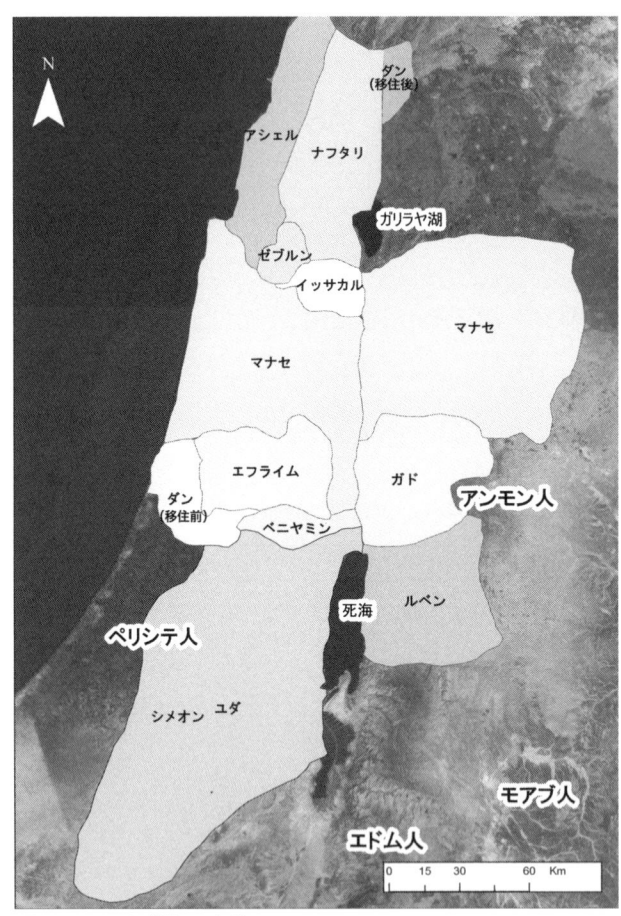

図5.1 12部族の定着

食物を降らせて民を養ったのでした。モーセはヨルダン川を渡って約束の地カナンに入ることなく死にました（申命記34章）。たびたび神を信頼せず、つぶやいた（不平不満を言った）出エジプトの世代は死に絶え、イスラエルは荒野で生まれた人々ばかりの若い集団となっています（民数記26章）。モーセの後継者となったのは、ヨシュア。神がヨルダン川の流れをせき止め、イスラエルはカナンに侵入し、12部族は、それぞれに割り当てられた土地を戦いとっていきました（上図）。

ヨシュアの真骨頂は、カナンの地で動揺する民に向かって「もしも主に仕えることがあなたがたの気に入らないなら、川の向こうにいたあなたがたの先祖たちが仕えた神々でも、今あなたがたが住んでいる地のエモリ人の神々でも、あなたがたが仕えようと思うものを、どれでも、きょう選ぶがよい。私と私の家とは、主に仕える」（ヨシュア記24：15）によく

現れています。

【士師たちの時代】（士師記・ルツ記）

　ヨシュアの死後、イスラエルが結束を失い始め、偶像礼拝に走るようになると、周辺の諸民族がたびたび攻め込みます。すると民の祈りに応えて、神が士師と呼ばれる政治的・宗教的リーダーを送り、敵を撃退する。このパターンが繰り返されます。「そのころ、イスラエルには王がなく、めいめいが自分の目に正しいと見えることを行っていた」（士師記17：6）は、神が王であることをイスラエルが忘れてしまったこの時代をよく描いています。ギデオンやサムソンといった士師たちは有名ですが、彼らも神との関係に問題を抱えた人物でした。ふさわしい器がない中でも、あわれみを絶やすことがない神の愛と悩みを見るような時代ではないでしょうか。

【ダビデとソロモン、その後の王たち】

（サムエル記第一・第二、列王記第一・第二、歴代誌第一・第二）

　やがてイスラエルの民は、祭司であり士師であったサムエルに対して、周辺諸国のように王を立てることを要求しました。そのとき、神はサムエルに「この民があなたに言うとおりに、民の声を聞き入れよ。それはあなたを退けたのではなく、彼らを治めているこのわたしを退けたのであるから」（Ⅰサムエル記8：7）と悲しみながらも、民の要求を受け入れました。民と共に歩く神の姿がここにも鮮やかです。けれども、そのとき警告された人間の王を持つことの危険性は、やはりそのまま実現していくことになります。最初の王サウルは、神を信頼しきることができず、神は「わたしはサウルを王に任じたことを悔いる。彼はわたしに背を向け、わたしのことばを守らなかったからだ」（同15：11）と言います。悔いる神！　人の自由な応答を尊重する神の姿がここにもあります。

　次に立てられたダビデは、イスラエル史上最高の王と讃えられることになります。やがて預言者たちは、救い主がダビデの家系から生まれる

第5回　王と神殿

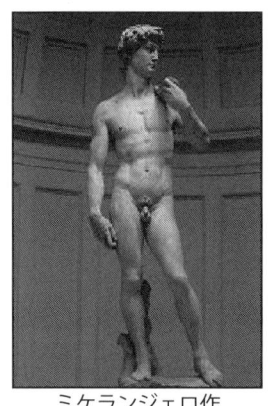

ミケランジェロ作
「ダビデ像」

と預言しました。けれども、聖書はダビデの罪もまた隠すことなく描きます。彼は多くの妻妾を持ち、中でもソロモンの母となったバテ・シェバを手に入れるために、部下のウリヤを謀殺しました。しかしダビデは、自分の罪に気づいたときには、深く悔い改めて神に立ち帰りました。そして一生を通して偶像に近づくことなく、神を心から愛しました。ダビデを選ぶとき、「人はうわべを見るが、主は心を見る」（Ⅰサムエル記16：7）と言った神は、ダビデのそんな愛を見ておられたのでしょう。

　ダビデの子ソロモンの始まりは上々でした。「あなたに何を与えようか。願え」との神の問いに「善悪を判断してあなたの民をさばくために聞き分ける心をしもべに与えてください」（Ⅰ列王記3：9）と答えたのです。彼はまた壮大な神殿を築きました。かつて神は「行って、わたしのしもべダビデに言え。主はこう仰せられる。あなたはわたしのために、わたしの住む家を建てようとしているのか。わたしは、エジプトからイスラエル人を導き上った日以来、今日まで、家に住んだことはなく、天幕、すなわち幕屋にいて、歩んできた。わたしがイスラエル人のすべてと歩んできたどんな所ででも、わたしが、民イスラエルを牧せよと命じたイスラエル部族の一つにでも、『なぜ、あなたがたはわたしのために杉材の家を建てなかったのか』と、一度でも、言ったことがあろうか」（Ⅱサムエル記7：5〜7）と言いました。ソロモンもこのことをよく知っていて、神殿が完成したとき、「それにしても、神ははたして地の上に住まわれるでしょうか。実に、天も、天の天も、あなたをお入れすることはできません。まして、私の建てたこの宮など、なおさらのことです」（Ⅰ列王記8：27）と祈っています。けれどもやがて彼は、700人の王妃と300人の側室を召し集め、外国から来た女性たちの偶像礼拝を援助するようになりました。ソロモンの心は神への愛を失ったのでした。いつでも目に見える人間の王、い

つでも神に会えると安心できる神殿。これらは生きた神との生きた関係をむしばむものだったようです。それにもかかわらずそれらを許し、その結果として生じ続ける様々な問題にもさじを投げることがない神の忍耐強い愛はまだまだ続きます。

　ソロモンの死後、王国は北のイスラエルと南のユダに分裂します。北王国は豊かでしたが、偶像礼拝が盛んでした。争いも絶えず、血なまぐさい政権交代が繰り返されます。一方、南王国では時に偶像礼拝が入りこみつつも、ダビデの家系が継承される穏健な治世が続きました。やがて紀元前722年、アッシリヤ帝国によって北王国は征服され、主だった者たちは散り散りになりました。いわゆる「失われた10部族」です。代わりに別の地域から強制移住させられた人々が、そこに残されていたユダヤ人と混血し、サマリヤ人と呼ばれるようになります。イエスの有名な譬の「よきサマリヤ人」に出てくるサマリヤ人ですが、彼らは血統においても宗教的にも純血でないとして、ユダヤ人からは軽蔑されることになりました。一方、南王国ユダはアッシリヤにとって代わったバビロンによって紀元前586年に滅ぼされました。この結果が、バビロン捕囚です。王たちの時代を扱った「サムエル記」・「列王記」と「歴代誌」はほぼ同じ時代を扱っていますが、視点はかなり違います。「サムエル記」・「列王記」は北と南の両方を批判しながら預言者の視点で記します。それに対して、「歴代誌」はユダを中心に、しかも、王たちの悪行にはあまり触れていません。「列王記」がバビロン捕囚の始まりで終わるのに対して、「歴代誌」はペルシャによる捕囚からの解放までを記していることも特徴です。こうしたことから「歴代誌」はユダ王国の再建と礼拝の回復を願うユダの祭司の手になる捕囚からの帰還後の作と見られています。

【捕囚からの解放と中間時代】
（歴代誌第二、エズラ記、ネヘミヤ記、エステル記）
　バビロンにとって代わった、ペルシャ王キュロスは捕囚に対して寛大な措置をとり、母国への帰還を許しました。こうして帰還したユダ族と

第5回　王と神殿

ベニヤミン族の人々とそこから派生した人々が「ユダヤ人」と呼ばれるようになりました。捕囚の70年の間には、カナンへの帰還を望まなくなった人々もいました。「エステル記」はそのように残った人々について書かれています。

　帰還した者たちは神殿を再建します。そして捕囚の苦い経験から、偶像礼拝を根絶し、律法の遵守に励むのですが、ここから「神と共に歩く歩き方」の教えであった律法が、「それを守らなければ罰せられるもの」と誤解されるようになります。この後の旧約聖書と新約聖書の中間時代には、この傾向が強くなって、「律法を守ることによって神の恵みが得られる」というユダヤ教的律法主義が広がります。後に、イエス・キリストが律法学者たちと対立することになったのは、まさにこの点においてだったのです。

【南北両王国と預言者】
　南北両王国の王と預言者の名前とその下に、列王記の関連箇所を表5．1にまとめてみました。次回「預言者の叫び」でも参考にしてください。

【次回】
　次回は第6回。「預言者の叫び」です。ホセア書を11章だけでもあらかじめ読んでおかれるとよいでしょう。

表5.1 南北両王国のできごとと王・預言者

年代(紀元前)	930	857	722	620	605	597	586	587	582	561	539	537
できごと	王国の分裂	北王国、アラムの侵略を撃退	北王国アッシリヤにより滅亡	南でヨシヤの宗教改革	バビロンがアッシリヤを滅ぼす	第1回捕囚	第2回捕囚	第3回捕囚 エルサレム陥落	第4回捕囚	エホヤキン釈放	ペルシャがバビロンを征服	捕囚からの帰還始まる

北(イスラエル)の王: ①ヤロブアム1世 ②ナダブ ③バシャ ④エラ ⑤ジムリ ⑥オムリ ⑦アハブ ⑧アハズヤ ⑨ヨラム ⑩エフー ⑪エホアハズ ⑫ヨアシュ ⑬ヤロブアム2世 ⑭ゼカリヤ ⑮シャルム ⑯メナヘム ⑰ペカフヤ ⑱ペカ ⑲ホセア

北の預言者: エリヤ / エリシャ / アモス / ホセア

南の預言者: ヨナ / ヨエル (の年代は不明) / イザヤ / ミカ / ナホム / ハバクク / ゼパニヤ / エレミヤ / ダニエル(バビロニアで預言) / エゼキエル(バビロニアで預言) / オバデヤ / ハガイ / ゼカリヤ / マラキ

南王国(ユダ)の王: ①レハブアム ②アビヤム ③アサ ④ヨシャパテ ⑤ヨラム ⑥アハズヤ(女子) ⑦アタルヤ ⑧ヨアシュ ⑨アマツヤ ⑩ウジヤ(アザルヤ) ⑪ヨタム ⑫アハズ ⑬ヒゼキヤ ⑭マナセ ⑮アモン ⑯ヨシヤ ⑰エホアハズ ⑱エホヤキム ⑲エホヤキン ⑳ゼデキヤ

列王記第一、列王記第二の該当する章	12	15	15			8 11 12 14 15	15	16		18 21 22 23	24	24	24
歴代誌第二	10-12	13	14-16	17-20	21	22 23 24 25	26	27	28	29-32	33	34-36	

■は記述が残っていない預言者を示す

第6回　預言者の叫び

学びのポイント
- 預言と予言のちがいは何でしょうか。
- 社会正義を叫ぶ預言者たちを突き動かしたのは何だったでしょうか。
- 聖書は神には感情があると言っているでしょうか。
- 神は、バビロンで捕囚になったイスラエルに何をしたでしょうか。

【預言者】

　イスラエル（そして分裂後はイスラエル・ユダの両王国）には預言者と呼ばれる人々がときおり出現しました。祭司や王は他の国にも存在していましたが、預言者はイスラエルにユニークな存在。彼らは神の召しにより無給で、しばしば命がけで神の言葉を取り次いだ人々でした。「預言者」は「予言者」ではないことに注意が必要です。彼らの言葉は主として現在の国の状況に向かって発せられており、未来に関する言葉は全体の3％以下であるという説があるほどです。それでは、いつものように聖書を朗読していただきましょう。ホセア書11章です。

【大預言書と小預言書】

　イザヤ書、エレミヤ書、エゼキエル書、ダニエル書の四書は大預言書、ホセア書からマラキ書までは12小預言書と呼ばれます。大とか小というのは書物の大きさからの分類です。前回の表5．1「南北両王国のできごとと王・預言者」を参照ください。それぞれの預言書がどこで、いつ書かれたものかを確認しましょう。最古の預言書はアモス書。この時代、ヤロブアム2世が北王国イスラエルを統治していました。北王国の繁栄の

絶頂期です。けれども、その中で国は神と共に歩く歩き方を見失っていきました。律法（トーラー）の心を見失ったのです。貧富の差は異常に拡大し、身分の高い者たちは民衆を抑圧していました。神への信仰もまた形骸化していました。そんな中でアモスは、神に立ち帰り、社会正義を回復するようにと叫びを上げました。実際、社会正義は神と共に歩くことから切り離すことができません。ミカ書にはこのようにあります。

「私は何をもって主の前に進み行き、いと高き神の前にひれ伏そうか。全焼のいけにえ、一歳の子牛をもって御前に進み行くべきだろうか。主は幾千の雄羊、幾万の油を喜ばれるだろうか。私の犯したそむきの罪のために、私の長子をささげるべきだろうか。私のたましいの罪のために、私に生まれた子をささげるべきだろうか。主はあなたに告げられた。人よ。何が良いことなのか。主は何をあなたに求めておられるのか。それは、ただ公義を行い、誠実を愛し、へりくだってあなたの神とともに歩むことではないか。」（ミカ書6：6～8）

【預言者のはらわた、神のはらわた】
このように預言者たちを突き動かしたのは神の熱情でした。神の熱情？聞き慣れないことばかもしれません。以下は、マイケル・ロダール（現代アメリカの神学者。ポイント・ローマ・ナザレン・カレッジ教授）著『神の物語』からの引用です。

　圧迫され疎外されている者への神の関心は、イザヤ58章だけでなく預言書全体を貫く主要なテーマである。アモスの「公義を水のように、正義をいつも水の流れる川のように、流れさせよ」（5：24）という詩的な趣を帯びた叫びは、2500年後、アメリカでマーチン・ルーサー・キング・ジュニアと公民権運動のスローガンになり、今も預言者のメッセージを真剣に聞こうとする者の耳に鳴り続けている。アブラハム・ヘッシェル、20世紀のユダヤ人宗教哲学者でありキングと腕を組んで60年代の多くの公民権デモを導いた人物は、預言者の力は「神の熱情（パトス）」、神の痛みを共有することだとした。ヘッシェルは言う。「神がこころの

琴線に触れられて感動しうる方であるということ、神が知性と意志だけではなく感情（パトス）をももつ方であるというこうした神観は、預言者的神意識を根本的に規定している」。ヘッシェルによれば預言者とは神の熱情、苦しむ者への神のあわれみ（英語のcompassionは字義通りには、「他者の痛みを共に味わう」の意）を共有することができるようにされた者だと言う。だから単なるヒューマニズムではなく、神ご自身のあわれみが、預言者を社会的、経済的な正義に駆り立てるのである。この神の熱情を共有したために、預言者たちはイスラエルの宗教・政治・社会の問題に取り組んだ。彼らは単に神に似た視点をもっただけではなく神の心をもってこの取り組みに臨んだのである。現代ドイツの神学者ユルゲン・モルトマンは、ヘッシェルを引用して以下のように記している、「預言はそれゆえ、その本質においては変わることがない運命として何が未来に予定されているかや、救済に関わる神の予定を覗き見ることではない。預言の本質は現在における神の熱情、イスラエルの不服従によって引き起こされた神の苦悩、そしてこの世界における正義と誉れに対する神の情熱である……預言の中心にあるのは、神は苦しむことをいとわないほどに、この世界に関心を持っているという確信である」。

神の熱情の力はホセアの預言において最も視覚的な表現を与えられている。売春婦ゴメルのためのホセアの生涯と愛は、神が民のために受けた苦悩を示す譬えとなった（ホセア書1：2、3：1）。ここでも私たちは、正義（同4：1〜3）への典型的な預言者の呼びかけ、そして異教の慣習への断罪を見る。けれどもその非難は、民に対する神の忍耐強く優しい愛に根ざしている。

「イスラエルが幼いころ、わたしは彼を愛し、わたしの子をエジプトから呼び出した。それなのに、彼らを呼べば呼ぶほど、彼らはいよいよ遠ざかり、バアルたちにいけにえをささげ、刻んだ像に香をたいた。それでも、わたしはエフライムに歩くことを教え、彼らを腕に抱いた。しかし、彼らはわたしがいやしたのを知らなかった。わたしは、人間の綱、愛のきずなで彼らを引いた。わたしは彼らにとっ

ては、そのあごのくつこをはずす者のようになり、優しくこれに食べさせてきた。」(ホセア書11:1~4)

ホセアが神の苦悩を共有することができたのは、ゴメルに対するホセア自身の悲劇的な愛ゆえであった。

バビロン捕囚（リトグラフ）　ティソ作1892年

「エフライムよ。わたしはどうしてあなたを引き渡すことができようか。イスラエルよ。どうしてあなたを見捨てることができようか。どうしてわたしはあなたをアデマのように引き渡すことができようか。どうしてあなたをツェボイムのようにすることができようか。わたしの心はわたしのうちで沸き返り、わたしはあわれみで胸が熱くなっている。わたしは燃える怒りで罰しない。わたしは再びエフライムを滅ぼさない。わたしは神であって、人ではなく、あなたがたのうちにいる聖なる者であるからだ。わたしは怒りをもっては来ない。」(同11:8〜9)

ホセアの預言は、魅惑的と言ってもよいほどの神の求愛をもって結ばれる。

「エフライムよ。もう、わたしは偶像と何のかかわりもない。わたしが答え、わたしが世話をする。わたしは緑のもみの木のようだ。あなたはわたしから実を得るのだ。」(同14:8)

『神の物語』164頁〜166頁からの少し長い引用となりました。神と共

第6回　預言者の叫び

に歩くことから簡単にそれてしまう神の民。けれども、神はその民をあきらめることがおできになりません。神のはらわたは熱情にもだえるはらわた。そんなはらわたの痛みを共有して、預言者たちは神の言葉を語ったのでした。

【捕囚からの回復】

イザヤは北王国イスラエルのホセアと重なって活動した南王国ユダの預言者。北王国の滅亡を目のあたりにしながら、南王国に警告を発し続けました。エレミヤはイザヤから100年後、バビロン捕囚の渦中の人。そしてエゼキエルとダニエルは捕囚のさなかにバビロンで立てられた預言者。神は彼らを通して、捕囚からの解放を期待させ、民を励まされました。裏切られたご自分の痛みをかばおうともしないで、民のかたわらに立ち続ける神の姿がここにあります。

【次回】

次回も預言書を読むことにしましょう。「来るべきメシア」です。できればイザヤ書53章を読んでおいてください。

上・イザヤ、中・エレミヤ、下・エゼキエル、ミケランジェロ作

第7回　来るべきメシア

学びのポイント
・歴史には終わりがあるのでしょうか。
・世界の終わりに実現するのは、どのようなことでしょうか。
・メシアはどのような存在だと預言されているでしょうか。
・神はなぜ一瞬にしてこの世界の問題を
　終わらせないのでしょうか。

【捕囚からの解放の預言】

前回に続いて、今回も預言書を見ていきましょう。まずイザヤ書52章13節から53章全部を朗読していただきます。神は捕囚の民に対して預言者を通じて捕囚からの解放を告げられました。

> 「だが、おまえたち、イスラエルの山々よ。おまえたちは枝を出し、わたしの民イスラエルのために実を結ぶ。彼らが帰って来るのが近いからだ。」（エゼキエル書36：8）

> 「『慰めよ。慰めよ。わたしの民を』とあなたがたの神は仰せられる。『エルサレムに優しく語りかけよ。これに呼びかけよ。その労苦は終わり、その咎は償われた。そのすべての罪に引き替え、二倍のものを主の手から受けたと。』」（イザヤ書40：1〜2）

【終末に向かう歴史】

けれども、ただ捕囚が終わるというのではなく、神が歴史を導いて新たな時代の幕を開かれることが様々に預言されます。歴史とは単なる偶然の

第7回　来るべきメシア

積み重ねなのでしょうか。聖書は明確に歴史には神の目的があると語っています。それを聖書の終末論と言います。歴史には終わりがあり、それが歴史そのものの目的でもあるという概念です。神はこの痛んでしまった世界をいつまでもこのままにしてはおかれないからです。終末には、人々が内面から変えられ、永遠の王イエスの統治が実現します。また現在の天地も再創造されて痛みをいやされます。以下の表7.1の左欄は終末についての主要な概念を、右欄には関連する預言書の箇所を示しました。

表7.1　終末についての主要概念と関連する預言

新しい契約 神の霊によって人々の心に律法が記され、内面から変えられる。信じる者のうちにはすでにイエスによって実現している。	エゼキエル書36：26 あなたがたに新しい心を与え、あなたがたのうちに新しい霊を授ける。わたしはあなたがたのからだから石の心を取り除き、あなたがたに肉の心を与える。 36：27 わたしの霊をあなたがたのうちに授け、わたしのおきてに従って歩ませ、わたしの定めを守り行わせる。 エレミヤ書31：31 見よ。その日が来る。――主の御告げ――その日、わたしは、イスラエルの家とユダの家とに、新しい契約を結ぶ。 31：32 その契約は、わたしが彼らの先祖の手を握って、エジプトの国から連れ出した日に、彼らと結んだ契約のようではない。わたしは彼らの主であったのに、彼らはわたしの契約を破ってしまった。―主の御告げ― 31：33 彼らの時代の後に、わたしがイスラエルの家と結ぶ契約はこうだ。――主の御告げ――わたしはわたしの律法を彼らの中に置き、彼らの心にこれを書きしる。わたしは彼らの神となり、彼らはわたしの民となる。
永遠の王の統治 諸国民が王である神を礼拝し、正しい裁きと永遠の平和が訪れる。 イエスの再臨（この世の終わりにイエスがもう一度現れること）におい	イザヤ書2：2 終わりの日に、主の家の山は、山々の頂に堅く立ち、丘々よりもそびえ立ち、すべての国々がそこに流れて来る。 2：3 多くの民が来て言う。「さあ、主の山、ヤコブの神の家に上ろう。主はご自分の道を、私たちに教えてくださる。私たちはその小道を歩もう。」それは、シオンからみおしえが出、エルサレムから主のことばが出るからだ。 2：4 主は国々の間をさばき、多くの国々の民に、判決を下す。彼らはその剣を鋤に、その槍をかまに打ち直し、国は国に向かって剣を上げず、二度と戦いのことを習わない。

て実現する。	イザヤ書9：7　その主権は増し加わり、その平和は限りなく、ダビデの王座に着いて、その王国を治め、さばきと正義によってこれを堅く立て、これをささえる。今より、とこしえまで。万軍の主の熱心がこれを成し遂げる。（メシア預言の欄にも再録）
新しい天地の創造 痛みに満ちた天地は再創造される。これもイエスの再臨において実現する。	イザヤ書65：17　見よ。まことにわたしは新しい天と新しい地を創造する。先の事は思い出されず、心に上ることもない。 65：18　だから、わたしの創造するものを、いついつまでも楽しみ喜べ。見よ。わたしはエルサレムを創造して喜びとし、その民を楽しみとする。 65：19　わたしはエルサレムを喜び、わたしの民を楽しむ。そこにはもう、泣き声も叫び声も聞かれない。

【メシア預言】

　これらのことは、メシア（油注がれた者、救世主）を通して成しとげられるというメシア預言が繰り返されます。このメシアとは誰でしょうか。キリスト教会はイエス・キリストこそメシアであると信じてきました。神は世界の回復を他人まかせにしません。歴史の支配者である神が、自らこの世界に入りこむと預言を通じて宣言したのでした。メシアがどのような存在であると考えられているかを次の表7.2の左欄に、旧約聖書の預言を中欄に、新約聖書における預言の成就の記事を右欄に示しました。

表7.2　メシアの預言と成就

内　　容	旧約の預言	新約の成就
新しい「ダビデ」 メシアはダビデ以上の偉大な王。	エゼキエル書37：24　わたしのしもべダビデが彼らの王となり、彼ら全体のただひとりの牧者となる。彼らはわたしの定めに従って歩み、わたしのおきてを守り行う。	ヨハネ10：16　わたしにはまた、この囲いに属さないほかの羊があります。わたしはそれをも導かなければなりません。彼らはわたしの声に聞き従い、一つの群れ、ひとりの牧者となるのです。

第7回　来るべきメシア

ダビデの家の「若枝」 メシアはダビデの家系から出る。	イザヤ書11：1　エッサイの根株から新芽が生え、その根から若枝が出て実を結ぶ。	ローマ15：12　さらにまた、イザヤがこう言っています。「エッサイの根が起こる。異邦人を治めるために立ち上がる方である。異邦人はこの方に望みをかける。」
	エレミヤ書23：5　見よ。その日が来る。——主の御告げ——その日、わたしは、ダビデに一つの正しい若枝を起こす。彼は王となって治め、栄えて、この国に公義と正義を行う。 23：6　その日、ユダは救われ、イスラエルは安らかに住む。その王の名は、『主は私たちの正義』と呼ばれよう。	ルカ1：31　ご覧なさい。あなたはみごもって、男の子を産みます。名をイエスとつけなさい。 1：32　その子はすぐれた者となり、いと高き方の子と呼ばれます。また、神である主は彼にその父ダビデの王位をお与えになります。 1：33　彼はとこしえにヤコブの家を治め、その国は終わることがありません。」
	ゼカリヤ書6：12　彼にこう言え。『万軍の主はこう仰せられる。見よ。ひとりの人がいる。その名は若枝。彼のいる所から芽を出し、主の神殿を建て直す。	マタイ16：18　ではわたしもあなたに言います。あなたはペテロです。わたしはこの岩の上にわたしの教会を建てます。ハデスの門もそれには打ち勝てません。
インマヌエル メシアは人として生まれる神。	イザヤ書7：14　それゆえ、主みずから、あなたがたに一つのしるしを与えられる。見よ。処女がみごもっている。そして男の子を産み、その名を『インマヌエル』と名づける。	マタイ1：21　マリヤは男の子を産みます。その名をイエスとつけなさい。この方こそ、ご自分の民をその罪から救ってくださる方です。」 1：22　このすべての出来事は、主が預言者をして言われた事が成就するためであった。 1：23「見よ、処女がみごもっている。そして男の子を産む。その名はインマヌエルと呼ばれる。」（訳すと、神は私たちとともにおられる、という意味である。）

ダビデの王座に着く「力ある神」 メシアはダビデ以上の王座に着く神。	イザヤ書9：1 しかし、苦しみのあった所に、やみがなくなる。先にはゼブルンの地とナフタリの地は、はずかしめを受けたが、後には海沿いの道、ヨルダン川のかなた、異邦人のガリラヤは光栄を受けた。 9：2 やみの中を歩んでいた民は、大きな光を見た。死の陰の地に住んでいた者たちの上に光が照った。 …… イザヤ書9：6 ひとりのみどりごが、私たちのために生まれる。ひとりの男の子が、私たちに与えられる。主権はその肩にあり、その名は「不思議な助言者、力ある神、永遠の父、平和の君」と呼ばれる。 9：7 その主権は増し加わり、その平和は限りなく、ダビデの王座に着いて、その王国を治め、さばきと正義によってこれを堅く立て、これをささえる。今より、とこしえまで。万軍の主の熱心がこれを成し遂げる。	マタイ4：14 これは、預言者イザヤを通して言われた事が、成就するためであった。すなわち、 4：15「ゼブルンの地とナフタリの地、湖に向かう道、ヨルダンの向こう岸、異邦人のガリラヤ。 4：16 暗やみの中にすわっていた民は偉大な光を見、死の地と死の陰にすわっていた人々に、光が上った。」 ルカ1：32 その子はすぐれた者となり、いと高き方の子と呼ばれます。また、神である主は彼にその父ダビデの王位をお与えになります。 1：33 彼はとこしえにヤコブの家を治め、その国は終わることがありません。」
ご自分の民のために死ぬしもべ メシアは王であると同時に自分を犠牲とするしもべ。	イザヤ書52：13～53章全部 …… 53：3 彼はさげすまれ、人々からのけ者にされ、悲しみの人で病を知っていた。人が顔をそむけるほどさげすまれ、私たちも彼を尊ばなかった。 53：4 まことに、彼は私たちの病を負い、私たちの痛みをになった。だが、私たちは思った。彼は罰せられ、神に打たれ、苦しめられたのだと。	マタイ27：26 そこで、ピラトは彼らのためにバラバを釈放し、イエスをむち打ってから、十字架につけるために引き渡した。 27：27 それから、総督の兵士たちは、イエスを官邸の中に連れて行って、イエスの回りに全部隊を集めた。 27：28 そして、イエスの着物を脱がせて、緋色の上着を着せた。

第7回　来るべきメシア

	イザヤ書	マタイ
	イザヤ書53:5 しかし、彼は、私たちのそむきの罪のために刺し通され、私たちの咎のために砕かれた。彼への懲らしめが私たちに平安をもたらし、彼の打ち傷によって、私たちはいやされた。 53:6 私たちはみな、羊のようにさまよい、おのおの、自分かってな道に向かって行った。しかし、主は、私たちのすべての咎を彼に負わせた。 53:7 彼は痛めつけられた。彼は苦しんだが、口を開かない。ほふり場に引かれて行く羊のように、毛を刈る者の前で黙っている雌羊のように、彼は口を開かない。 53:8 しいたげと、さばきによって、彼は取り去られた。彼の時代の者で、だれが思ったことだろう。彼がわたしの民のそむきの罪のために打たれ、生ける者の地から絶たれたことを。 53:9 彼の墓は悪者どもとともに設けられ、彼は富む者とともに葬られた。彼は暴虐を行わず、その口に欺きはなかったが。 ………	マタイ27:29 それから、いばらで冠を編み、頭にかぶらせ、右手に葦を持たせた。そして、彼らはイエスの前にひざまずいて、からかって言った。「ユダヤ人の王さま。ばんざい。」 27:30 また彼らはイエスにつばきをかけ、葦を取り上げてイエスの頭をたたいた。 27:31 こんなふうに、イエスをからかったあげく、その着物を脱がせて、もとの着物を着せ、十字架につけるために連れ出した。 27:32 そして、彼らが出て行くと、シモンというクレネ人を見つけたので、彼らは、この人にイエスの十字架を、むりやりに背負わせた。 27:33 ゴルゴタという所（「どくろ」と言われている場所）に来てから、 27:34 彼らはイエスに、苦みを混ぜたぶどう酒を飲ませようとした。イエスはそれをなめただけで、飲もうとはされなかった。 27:35 こうして、イエスを十字架につけてから、彼らはくじを引いて、イエスの着物を分け、 27:36 そこにすわって、イエスの見張りをした。 27:37 また、イエスの頭の上には、「これはユダヤ人の王イエスである」と書いた罪状書きを掲げた。

ご自分の民の敵を征服する油注がれた勝利者 メシアは最終的には勝利をおさめる。	イザヤ書63：1「エドムから来る者、ボツラから深紅の衣を着て来るこの者は、だれか。その着物には威光があり、大いなる力をもって進んで来るこの者は。」「正義を語り、救うに力強い者、それがわたしだ。」 63：2「なぜ、あなたの着物は赤く、あなたの衣は酒ぶねを踏む者のようなのか。」 63：3「わたしはひとりで酒ぶねを踏んだ。国々の民のうちに、わたしと事を共にする者はいなかった。わたしは怒って彼らを踏み、憤って彼らを踏みにじった。それで、彼らの血のしたたりが、わたしの衣にふりかかり、わたしの着物を、すっかり汚してしまった。 63：4 わたしの心のうちに復讐の日があり、わたしの贖いの年が来たからだ。 63：5 わたしは見回したが、だれも助ける者はなく、いぶかったが、だれもささえる者はいなかった。そこで、わたしの腕で救いをもたらし、わたしの憤りを、わたしのささえとした。 63：6 わたしは、怒って国々の民を踏みつけ、憤って彼らを踏みつぶし、彼らの血のしたたりを地に流した。」	黙示録19：11 また、私は開かれた天を見た。見よ。白い馬がいる。それに乗った方は、「忠実また真実」と呼ばれる方であり、義をもってさばきをし、戦いをされる。 19：12 その目は燃える炎であり、その頭には多くの王冠があって、ご自身のほかだれも知らない名が書かれていた。 19：13 その方は血に染まった衣を着ていて、その名は「神のことば」と呼ばれた。 19：14 天にある軍勢はまっ白な、きよい麻布を着て、白い馬に乗って彼につき従った。 19：15 この方の口からは諸国の民を打つために、鋭い剣が出ていた。この方は、鉄の杖をもって彼らを牧される。この方はまた、万物の支配者である神の激しい怒りの酒ぶねを踏まれる。 19：16 その着物にも、ももにも、「王の王、主の主」という名が書かれていた。

第7回　来るべきメシア

任命された先駆者の後に来られる主ご自身 メシアの前には「露払い」が現れる。	マラキ書3：1「見よ。わたしは、わたしの使者を遣わす。彼はわたしの前に道を整える。あなたがたが尋ね求めている主が、突然、その神殿に来る。あなたが望んでいる契約の使者が、見よ、来ている」と万軍の主は仰せられる。	マタイ11：2　さて、獄中でキリストのみわざについて聞いたヨハネは、その弟子たちに託して、 …… 11：10　この人こそ、『見よ、わたしは使いをあなたの前に遣わし、あなたの道を、あなたの前に備えさせよう。』と書かれているその人です。
ベツレヘムで処女より生まれる方 メシアは処女から生まれる方。	ミカ書5：2　ベツレヘム・エフラテよ。あなたはユダの氏族の中で最も小さいものだが、あなたのうちから、わたしのために、イスラエルの支配者になる者が出る。その出ることは、昔から、永遠の昔からの定めである。 イザヤ書7：14　それゆえ、主みずから、あなたがたに一つのしるしを与えられる。見よ。処女がみごもっている。そして男の子を産み、その名を『インマヌエル』と名づける。	ヨハネ7：41　またある者は、「この方はキリストだ」と言った。またある者は言った。「まさか、キリストはガリラヤからは出ないだろう。 7：42　キリストはダビデの子孫から、またダビデがいたベツレヘムの村から出る、と聖書が言っているではないか。」

　いかがでしたでしょうか。このイエス・キリストについては、新約聖書でさらに詳しく学ぶことにいたしましょう。

【歴史の中に働く神】

　これまでも歴史の中に働く神について何度かお話ししてきました。全知全能の神がなぜ、一瞬にして（歴史の外から）この世界の問題を終わらせないのか。神はなぜ世界とご自分の痛みをリセットしないのか。『神の物語』にはこうあります。

　　　十字架のキリストは、創造者である神を決定的な形で啓示する。

すなわち被造物の他者性とかかわって傷つき苦しむ神の姿をあざやかに浮かび上がらせる。だから創造者は本当に愛であり、神の力は支配するための握りこぶしではなく、開かれて血を流す手である。これが神の全能についてのより適切な理解である。キリスト、肉体をとったことば、人によって十字架に釘づけられた方は、神というお方が、私たちの自由の乱用のために痛み、苦しむことをいとわない方であることを啓示する。全能の神は、力を貯えるのではなく、力を分け与える神である。ご自分を与える神は、創造において被造物に「存在する」という力を分け与えた。英国国教会の神学者ジョン・マッコーリーは、このように記している。「創造は、神が自己を空にすることであった……神は愛と寛容ゆえに、「存在」を被造物と分けあう。これは、単に力を制限するというだけではなく、神ご自身が傷つけられ得る存在となることであった。なぜなら、神の愛も、力を分かち与えることも、自由を授けることも、愛し、分かち与え、授ける神が苦しむ可能性を必ず伴うからである」。全能の神は、その力のすべてをご自分で使うわけではない。なぜなら、その力の一部は私たちに分け与えられているからである。これは、力の量的分配というよりは、むしろより正確には、神の力の本質は、他者に力を与えることにあることを示している。(81-82頁)

　神が痛みを覚悟してまでも、人に力を分け与える理由は、人が自分から進んで神を愛することを望むからです。人との間に愛を育むことは、それが実現するまでは、神にとっても苦痛に満ちたプロセスです。けれども神にとって、愛は苦痛を補って余りある価値のあるものであったようです。それだから、神は歴史の外から愛なしの解決を図るのではなく、歴史の中で苦しみと共に愛を味わうことを選び続けているというのです。創造の時もそうであったように、今も。

【次回】
　次回第8回は、聖書の中でもユニークな詩歌(しいか)と知恵文学を読むことに

第7回　来るべきメシア

しましょう。ヨブ記や詩篇に少しでも目を通しておいてくださるとよいでしょう。

> **コラム3　イエス・キリストの誕生はいつ？**
>
> 表1.2の年表の中で、イエス・キリストの誕生が紀元前4年ごろとなっているのに、「あれ？」と思われた方もおられるでしょう。イエス・キリストの誕生を境に、紀元前と紀元後が分けられたはずですね。これは紀元6世紀の学者ディオシニウスが、イエス・キリストの十字架を年齢30歳のころと考えて紀元元年を定めたことに由来します。実際には、皇帝アウグストの人口調査（ルカの福音書2章）から考えても紀元前6年～4年頃であったはず。
>
> 　またプロテスタントの天文学者ケプラー（Johannes Kepler, 1571～1630）は、マタイ福音書の降誕記事で東から来た三人の博士たちを導く星を彗星の到来と理解し、紀元前2～4年、6～7年ごろの世界中の記録から同じ結論に達しています。したがって、イエス・キリストの十字架は36歳から34歳のころであったと考えられています。

第8回　詩歌(しいか)と知恵文学

学びのポイント
- 神は人の感情や思いを理解するのでしょうか。
- 神に苦難の意味を問うことを、神は許すのでしょうか。
- 現世で成功している者は、正しい者でしょうか。
- 聖書は具体的な人生の指針を、与えているでしょうか。
- 聖書は肉体や性を、精神より劣るものとみなしているでしょうか。

【旧約聖書のこころ】

　カトリックの雨宮 慧(さとし)神父(現代の聖書学者、前・上智大学教授)がこのように書いています。「人間がその生涯にぶつかる問題は今も昔もさほど変わらぬように思う……ひとは産まれて生きて死んでゆく生き物である、ということは時代がどんなに移っても、変わりようがないからだ……旧約聖書に登場する人々も、その生に立ち向かい、そこに生じるさまざまな問題に答えを与えようと苦悩した人々である。それは格闘と呼んでもよいほどに、激しいものとなることがあったが、その間、彼らは神とのかかわりを捨てようとは決してしなかった。神に嘆きをぶつけることはあっても、かかわりを断ちはしなかった。そこに旧約聖書の特徴がある。」(「続旧約聖書のこころ」あとがきより)。中でも詩歌(しいか)とよばれるジャンルの詩篇や雅歌はこの特徴を最もよく現しています。

　律法は、神とともに歩く歩き方を教えるもの、預言書はその歩き方からの逸脱を戒めるものでした。けれども、人には正しい教えと正しい戒めだけでは十分でないことを、神は知っています。人は悩み、問い、不安を訴え、喜びを歌います。詩歌は、そのような人の様々な思いをケアしています。そうすることを神がよしとされているからです。

第8回　詩歌と知恵文学

【詩篇】

　150篇ある詩篇には、信仰者の生活の素顔が鮮やかです。喜び、悲しみ、恐れ、失望、落胆。また、神への信頼や感謝も、多く表明されます。詩篇は詩です。そのことを忘れなければ、そこに書いていないことを読み込んだり、そこに書いてあることを読み落としたりするようなことはないでしょう。

　ですから、例えば「神よ。彼らの歯を、その口の中で折ってください」というような復讐のことばが連ねられている58篇も、神が復讐を奨励しているかのように読むのは適切ではないでしょう。人の心に吹き出すやり場のない憎しみや怒りを、無理におしころすことは不可能ですし、神もそれを求めてはおられません。代わりに、神はそのような感情を受け止めてくれます。受け止めて、心の深いところからのいやしと回復を差し出してくれるのです。

　神は人の心の深いところに届きます。そこにはしばしば自らの罪が横たわっています。19篇は、「天は神の栄光を語り告げ、大空は御手のわざを告げ知らせる」（19：1）と天地を創造した神を讃えたあとで、その神が、私たちの心の底の罪に届いて取り扱うことを語ります。

　「だれが自分の数々のあやまちを悟ることができましょう。どうか、隠れている私の罪をお赦しください。あなたのしもべを、傲慢の罪から守ってください。それらが私を支配しませんように。そうすれば、私は全き者となり、大きな罪を、免れて、きよくなるでしょう。」（19：12～13）

　罪があるならそれを見過ごさず、赦し、きよめて、ほんとうの解決を与えてくださる、それが神の解決なのです。
　詩篇の中でもっともよく知られているのは23篇でしょう。ここで朗読

していただきましょう。神への信頼の詩篇です。「主は私の羊飼い。私は、乏しいことがありません」(23：1)とある冒頭の一句に神への愛と信頼がこもっています。羊飼いは、羊を養います。害獣に対しては、命がけで戦って羊たちを守ってくれます。羊はたいへん愚かで弱い動物ですから、羊飼いがいなくては生きていくことができないのです。けれども、「まことに、私のいのちの日の限り、いつくしみと恵みとが、私を追って来るでしょう」(23：6)とあります。ここは、神の愛と恵みが、まるで「猟犬のように」追って来るという言葉です。どこまでも追って来る神の愛と恵み、それが神への信頼の根拠なのです。

42篇もまた心をうちます。「わがたましいよ。なぜ、おまえはうなだれているのか。私の前で思い乱れているのか。神を待ち望め。私はなおも神をほめたたえる。御顔の救いを」(42：5, 11)というフレーズが繰り返されます。失意の中で、自分が自分に「わがたましいよ」と語りかけるのです。失望している自分とそれでもまだ神を信頼しようとしている自分。まるで自分の中に二人の人がいるかのように私たちの心が揺れることがあります。けれどもこの詩篇を読むとき、そのような揺れを経験するのは、私たちが初めてではないことを知ることができます。そして、そんな心の揺らぎもまた、神に知られており、受け止められていることを知ることができるのです。

【雅歌】

雅歌は、ユダヤ人の間では、成年に達するまでは読むことが禁じられていたそうです。それほど率直に男女の愛が描かれており、ときにはエ

第8回　詩歌と知恵文学

ロティックとさえ言えるほどです。たとえばこのような箇所があります。

　「ああ、わが愛する者。あなたはなんと美しいことよ。なんと美しいことよ。あなたの目は、顔おおいのうしろで鳩のようだ。あなたの髪は、ギルアデの山から降りて来るやぎの群れのよう、あなたの歯は、洗い場から上って来て毛を刈られる雌羊の群れのようだ。それはみな、ふたごを産み、ふたごを産まないものは一頭もいない。あなたのくちびるは紅の糸。あなたの口は愛らしい。あなたの頬は、顔おおいのうしろにあって、ざくろの片割れのようだ。あなたの首は、兵器庫のために建てられたダビデのやぐらのようだ。その上には千の盾が掛けられていて、みな勇士の丸い小盾だ。あなたの二つの乳房は、ゆりの花の間で草を食べているふたごのかもしか、二頭の子鹿のようだ。そよ風が吹き始め、影が消え去るころまでに、私は没薬の山、乳香の丘に行こう。わが愛する者よ。あなたのすべては美しく、あなたには何の汚れもない。」（4：1〜7）

　ユダヤ人は伝統的に、これを神とユダヤ人との関係を描いたものとみなしてきました。またキリスト教会は、キリストと教会の関係だと考えてきました。確かに神が結婚になぞらえられるような親しい関係を私たちと結ぼうとされるのは事実ですから、この解釈もうなずけるものです。けれども聖書は全巻を通して、肉体や性を精神よりも劣るものや、汚れたものとはみなしていません。ですから、ともすればことさらに「精神化」しやすい私たちの傾向を正すことが、雅歌の持つもう一つの大きな役割でしょう。神は、造ったすべてを見て「非常に良かった」（創世記1：31）と思われたのですから。

【知恵文学】
　ヨブ記・箴言・伝道の書と詩篇の一部は、知恵文学と呼ばれます。これは古代オリエントの他の地域でも見られるものですが、聖書の知恵文学は「神とともに歩く」という律法の目的を実現するための、具体的で

実用的な教えや、その中で生じる困難への洞察をその内容としています。

【ヨブ記】

舞台は、創世記のような族長の時代。神の目にも正しく生きていたヨブに不当な苦難が訪れます。突然にキャラバン隊の事業が強盗に襲われ、使用人たちが落雷を受けて死に、7人の息子と3人の娘が竜巻によって命を奪われました。ヨブ自身も全身が重い皮膚病と腫れ物におおわれ、妻からさえも、「それでもなお、あなたは自分の誠実を堅く保つのですか。神をのろって死になさい」（2：9）と言われてしまいます。

この後、ヨブ記は不思議な展開を見せます。ヨブの3人の友人が訪ねて来ます。そして、ヨブの身に起こったことについて、ヨブと延々と議論を続けるのです。友人たちの論調は、「ヨブ自身に不幸を招いた原因があるはずだ」という、因果応報に立つものですが、これはヨブを苦しめるだけでした。やがて神自身が介入して、友人たちは正しくないことを宣言します。神はヨブにもまた、ヨブが知らないことが多くあることを知らせました。

ヨブ記はいくつかのたいせつなことを教えています。大震災を経験したこの時代にはなおさら価値あることが教えられています。

（1）苦難の中にある人々が、なぜ？と神に問うことは誤りではありません。神を信じない者は、そもそも神に問うことをしないのですから。その問いはすぐに答えられるとは限りませんが、神に向い続け、問い続けることによって、神との関係が深められていきます。それこそが　最大の慰めなのです。
（2）現世において成功している者は正しい者、そうでない者は悪しき者という考え方には、問題があります。神は、現世利益をはるかに超える愛の絆を私たちとの間に結ぼうとされているからです。
（3）苦難には、意味があります。私たちには知らされていない場合も

多いのですが、必ず意味があります。ヨブの場合には、天上での神とサタンの会話が背景にありました（1～2章）。「極限の苦悩の中で、神と人との関係が破れないことが可能かどうか」が、かかっていたのです。神はここでも人と共に働くことを好まれるようです。
（4）神は最後には、すべてに公正な決着を与えます。ヨブの場合も、彼の持ち物はすべて2倍になったのでした。（子どもの数だけが、倍にはなっていませんが、この世の終わりには、先に死んだ十人も、後から生まれた十人も復活するから、合わせると二倍になるという説もあります。いかがでしょうか？！）。

【箴言】

箴言というのは、いましめとなる短い格言のことです。神と共に歩く歩き方を、人生のさまざまな経験をもとに、家族や同胞に伝えるために用いられました。その中心にあるものをよく表しているのが、「主を恐れることは知識の初めである。愚か者は知恵と訓戒をさげすむ。わが子よ。あなたの父の訓戒に聞き従え。あなたの母の教えを捨ててはならない」（1：7～8）です。この「恐れ」はむしろ「畏れ」の字を当てるべきでしょう。「畏れ」は「恐れ」とは異なるニュアンスを持つことば。つつしみや謙遜を表します。単なる恐れ、恐怖は関係をそこないますが、畏れは関係を育みます。箴言には、このような人生の指針となることばが満ちています。箴言が取り扱う人生の領域は広く、家庭・友情・言葉・主を畏れること、公正と正義、国家と王、富と貧困などに渡っています。

●**家庭について**
・あなたの泉を祝福されたものとし、あなたの若い時の妻と喜び楽しめ。
（5：18）
・人は火をふところにかき込んで、その着物が焼けないだろうか。また人が、熱い火を踏んで、その足が焼けないだろうか。隣の人の妻と姦通する者は、これと同じこと、その女に触れた者はだれでも罰を

免れない。(6：27〜29)
- むちを控える者はその子を憎む者である。子を愛する者はつとめてこれを懲らしめる。(13：24)〈これは現代ではそのまま適用するのではなく、その心をうけとるべきでしょう。〉
- 愚かな息子は父のわざわい。妻のいさかいは、したたり続ける雨漏り。
(19：13)

●友情とは
- ねじれ者は争いを巻き起こし、陰口をたたく者は親しい友を離れさせる。(16：28)
- そむきの罪をおおう者は、愛を追い求める者。同じことをくり返して言う者は、親しい友を離れさせる。(17：9)
- 友はどんなときにも愛するものだ。兄弟は苦しみを分け合うために生まれる。(17：17)
- 香油と香料は心を喜ばせ、友の慰めはたましいを力づける。(27：9)
- 鉄は鉄によってとがれ、人はその友によってとがれる。(27：17)

●言葉について
- 正しい者の舌はえり抜きの銀。悪者の心は価値がない。(10：20)
- 歩き回って人を中傷する者は秘密を漏らす。しかし真実な心の人は事を秘める。(11：13)
- 軽率に話して人を剣で刺すような者がいる。しかし知恵のある人の舌は人をいやす。(12：18)
- 柔らかな答えは憤りを静める。しかし激しいことばは怒りを引き起こす。(15：1)

●主を畏れること
- わが子よ。主の懲らしめをないがしろにするな。その叱責をいとうな。父がかわいがる子をしかるように、主は愛する者をしかる。
(3：11〜12)
- 人の心には多くの計画がある。しかし主のはかりごとだけが成る。
(19：21)
- 支配者の顔色をうかがう者は多い。しかし人をさばくのは主である。

- 二つのことをあなたにお願いします。私が死なないうちに、それをかなえてください。不信実と偽りとを私から遠ざけてください。貧しさも富も私に与えず、ただ、私に定められた分の食物で私を養ってください。私が食べ飽きて、あなたを否み、「主とはだれだ」と言わないために。また、私が貧しくて、盗みをし、私の神の御名を汚すことのないために。(30：7〜9)

●公正と正義
- 悪者は人のふところからわいろを受け、さばきの道を曲げる。(17：23)
- 異なる二種類のおもり、異なる二種類の枡、そのどちらも主に忌みきらわれる。(20：10)
- だまし取ったパンはうまい。しかし、後にはその口はじゃりでいっぱいになる。(20：17)

●国家と王
- 王の顔の光にはいのちがある。彼のいつくしみは後の雨をもたらす雲のようだ。(16：15)
- 王の恐ろしさは若い獅子がうなるようだ。彼を怒らせる者は自分のいのちを失う。(20：2)

　（一方で、イスラエルの王は毎日律法を読むように命じられていました。「彼がその王国の王座に着くようになったなら、レビ人の祭司たちの前のものから、自分のために、このみおしえを書き写して、自分の手もとに置き、一生の間、これを読まなければならない。それは、彼の神、**主**を恐れ、このみおしえのすべてのことばとこれらのおきてとを守り行うことを学ぶためである。それは、王の心が自分の同胞の上に高ぶることがないため、また命令から、右にも左にもそれることがなく、彼とその子孫とがイスラエルのうちで、長くその王国を治めることができるためである」(申命記17：18〜20)。ですから、イスラエルではただ王であるというだけで称賛されることはありませんでした。)

●富と貧困
- あなたに財産があるとき、あなたの隣人に向かい、「去って、また来

なさい。あす、あげよう」と言うな。(3：28)
・貧しい者は哀願するが、富む者は荒々しく答える。(18：23)
・富む者は貧しい者を支配する。借りる者は貸す者のしもべとなる。
(22：7)

●これは大酒を呑む人のことば
・「私はなぐられたが、痛くなかった。私はたたかれたが、知らなかった。いつ、私はさめるだろうか。もっと飲みたいものだ。」(23：35)
(昔も今も大酒を飲む人の心理は変わらないようです。)

【伝道者の書】(口語訳：「伝道の書」、新共同訳「コヘレトの言葉」)
　この書のテーマは、「人生の空しさ」にどう対処するかです。冒頭にソロモンの名があります。栄華を極めたソロモン王ですら「すべては空」(1：2)と繰り返しており、空しさからは逃れることができませんでした。人生の空しさは決して神なき時代と言われる現代の専売特許ではないことがわかります。いつの時代であっても神との関係が日ごとに深まって行くのではない人生は空しい人生でしょう。作者は「結局のところ、もうすべてが聞かされていることだ。神を恐れよ。神の命令を守れ。これが人間にとってすべてである。神は、善であれ悪であれ、すべての隠れたことについて、すべてのわざをさばかれるからだ」(12：13〜14)と結論しています。

【次回】
　次回からいよいよ新約聖書に進みます。「マルコの福音書5章」を読んでおいてくだされば幸いです。

第9回　キリストの誕生

学びのポイント
- 福音とは何でしょうか。
- 福音書はなぜ4つあるのでしょうか。
- 神の国とは何でしょうか。
- 神の国が始まっているのに、多くの問題があるのはなぜでしょうか。
- 聖書の奇蹟を見るときに、たいせつなことは何でしょうか。

【キリスト教の始まり】

　今回から新約聖書に入ります。100ページの表11.2をごらんください。新約聖書の最初にあるのは、四つの福音書。それぞれ、マタイ・マルコ・ルカ・ヨハネによって書かれたと教会は語り継いできました。「福音」とは文字通り「よい知らせ」（グッド・ニュース）です。福音書はイエス・キリストの生涯の言動を描きます。けれども福音書は何よりも、イエス・キリスト自身が「救いをもたらす福音」であると語るのです。イエス・キリストは真理を教えましたが、ただの教師ではありませんでした。また奇蹟を行いましたが、ただそれだけではありませんでした。イエス・キリストとはだれか。その答は福音書記者たちも、最初はなかなか受け入れることができませんでした。イエス・キリストは神！　神が人となって、歴史のただ中に入りこんだ！　これはめまいがするような話です。信じるにしても、信じないにしても、びっくりするような話であることだけは確かです。これが福音です。この驚きが福音なのです。

　ユダヤ教は唯一神教。しかもバビロン捕囚から帰還して以後のユダヤ教

は、決して偶像を認めません。そのユダヤに、神を名乗る男が現れたなら十字架刑に処せられるのは当然すぎるように思えます。けれども私たちはここまで8ヶ月の間、旧約聖書の神がいかなる神であるかを読んできました。そこで見た神は人を愛し、人の罪のために痛む神でした。痛みつつも預言者を送り続けて、世界を贖うことをあきらめない神でした。その神が世界を愛するあまり、とうとう自分から歴史の中に登場してしまった。旧約聖書なしには突飛と思えるこのことも、旧約聖書の神を知っている民には、驚きながらも受け入れる余地があるでしょう。ですから神が人となるとすれば、それはユダヤ人以外にはあり得ないことであったと言うことができます。かつて、アブラハムに「地上のすべての民族は、あなたによって祝福される」（創世記12：3）と誓った神のことばが思い出されます。神とユダヤ人との長い関わり合いの末、ついに神ご自身がユダヤ人イエスとなって、この世界を訪れたのでした。ユダヤ人たちでさえも、その多くはこの驚きに耐えられませんでした。けれども少数のユダヤ人たちはこの驚きを受け入れ、そこからキリスト教が始まりました。私は牧師ですから、毎週何度も福音を語ります。それが何百回目、何千回目であっても、決して神が人となったという驚きには慣れるということがありません。いつも驚きながら語り続けているのです。

【四つの福音書】
　四つの福音書が存在することは、不思議なように思えます。ものごとを複雑にしているようにも思えます。確かに、もしだれかが新しい宗教を作ろうとするなら、最初から唯一絶対の経典を作ることでしょう。けれども神が人となったのが創作ではなく事実であるならば、複数の証言があることは好ましいことであり、自然なことでもあるでしょう。ときには一つの証言と別の証言の間にはズレが、もっと適切に言うなら、視点のちがいといったものがあるかもしれません。そうした場合、二つの証言を継ぎ合わせて、調和をはかるよりも、それぞれの証言をそのまま提出することの方が好ましいことは言うまでもないでしょう。四つの福音書のうち、マタイ・マルコ・ルカの三つの福音書は「共観福音書」と

呼ばれます。ヨハネの福音書が独自の神学的立場を持っているのに対して、比較的似たような立場に立っているとみなされているからです。中でもマルコがもっとも古く、骨格のような福音書だと言われています。

【神の国の福音】
　マルコの福音書には、イエスの誕生のシーンは登場しません。マルコの筆は、イエスの公の生涯の始まりから描き始めます。

　　「ヨハネが捕らえられて後、イエスはガリラヤに行き、神の福音を宣べて言われた。『時が満ち、神の国は近くなった。悔い改めて福音を信じなさい。』」（マルコ1：14～15）

　これがイエスの、いわば第一声です。福音とは何かがよく現れています。それは新しい時代が始まったという事実の宣言です。「神の国」というのは「神の支配」と考えるとよいでしょう。アメリカや日本といった国のように目に見える国ではありません。けれども「神の支配」は、その支配を受け入れた者たちの中に既に始まっています。アメリカという目に見える国の中にも「神の国」の国民がいます。日本という国の中にも「神の国」の国民がいます。こうして目に見える国境を越えて拡がっている「神の国」すなわち「神の支配」はやがて世界を覆い尽くすことになります。「神の国」が始まったのはイエスがこの世界に最初に来たときです。そして「神の国」が完成するのは、この世の終わりにイエスがもう一度来る再臨のときです。ですから今の時代は、中間の時代だといえます。神の国がもう始まっているのだけれども、まだ完成していない時代だからです。

　今の時代を第二次世界大戦にたとえて、DデイとVデイの間の時代と説明されることがよくあります。Dデイとは、1944年6月6日、ヨーロッパ大陸から撤退していた連合国軍が、ヨーロッパに再上陸した日です。この日を境に連合国の勝利は確定しました。けれども、枢軸国軍の抵抗は続き、最終的にヨーロッパの戦争が終結するのは1945年5月8日、Vデ

イと呼ばれる日のことでした。

　始まったけれども完成していない神の国において、死はいまも存在します。しかし永遠の命は死を超えます。誘惑は今も存在します。けれどもキリストと一つにあるときには、私たちは罪から守られます。病の床も悲しみに終わらず、賛美と祈りの祭壇となります。このように、私たちは完成へ向かう世界の中で苦しみつつ喜び、歌いつつ痛むのです。そうしている内にも神の国は成長しています。そしてやがてイエスが再臨するときに、損なわれた世界に完全な回復が訪れるのです。図９．１が理解を助けてくれるかもしれません。

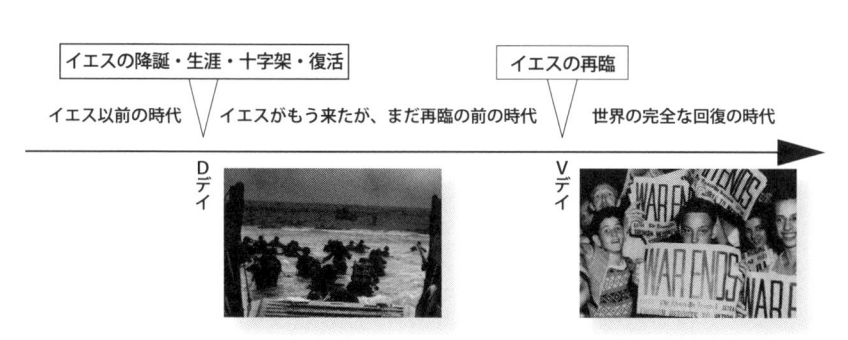

図９．１　イエスの降誕（Ｄデイ）とイエスの再臨（Ｖデイ）の関係

　私たちはこうして、間の時代、はざまの時代に生きています。けれども、もう神がこの世界に足を踏み入れるという決定的な一歩が始まったわけですから、この世界はもはやイエスが来る前の世界とは同じではありません。「神の支配」の下に入ることを選ぶことは今、ここで可能です。「救い」は今、ここで可能なのです。アメリカでは1862年9月、リンカーンによって奴隷解放宣言が出されました。けれども自分が自由であることを、長い間信じることができなかった奴隷たちが多くいたそうです。イエスによる「神の国」の宣言についても同じことがあり得るのです。新しい時代が始まったことに気づかないでいることも、大いにあり得るのです。

79

第9回　キリストの誕生

【イエスの足跡】
　イエス・キリストの活動の範囲を地図で見てみましょう。生誕の地は、ユダヤのベツレヘム。マリヤもヨセフもユダ族のダビデの血統ですから、人口調査はここで受けたわけです。育ったのはガリラヤのナザレ。辺境の地です。他国の文化が入りこんでいたことから「異邦人のガリラヤ」と呼ばれ、軽蔑されていたところでした。

　イエスがバプテスマのヨハネという人物から洗礼を受けたのは、ヨルダンの向こうのベタニヤ。ナザレの近くのカナは最初の奇蹟、「水をぶどう酒に変える」奇蹟の舞台（ヨハネ2章）。やがて都のエルサレムで教え、ニコデモの訪問を受けます。あの有名な「神は、実に、そのひとり子をお与えになったほどに、世を愛された。それは御子を信じる者が、ひとりとして滅びることなく、永遠のいのちを持つためである」（ヨハネ3：16）のところです。宗教的指導者たちとの摩擦も始まります。
　エルサレムからガリラヤへ帰る途中、イエスはサマリヤを通ります。ここは北王国イスラエルの滅亡後、混血の民が住むところとしてユダヤ人から蔑視されていました。けれどもイエスは、ここでも神の国を宣べ伝えます。ガリラヤでの本拠地になったのがカペナウム。大漁の奇蹟を行い、漁師であったシモン（ペテロ）たちを弟子にし（マルコ1章）、山上の説教（マタイ5章）を行い、嵐を静め（マルコ4章）、5千人の給食（マルコ6章）や水の上を歩いた（マルコ6章）のもガリラヤ湖でのできごとです。北方のツロとシドンの地方では、ギリシャ人女性の娘をいやし、その母親の信仰をほめました（マルコ7章）。このころから十字架と復活を予言し（マルコ8章）、山上での変貌でその栄光を現し（マルコ9章）ます。その山はタボール山ともヘルモン山とも言われています。やがてエルサレムへの最後の旅に向かいます（マルコ10章）。ラザロを生き返らせたのはベタニヤでのできごと（ヨハネ11章）でした。そして、エルサレムでの十字架と復活（マルコ15章など）。その後、エマオへの道で弟子たちにあらわれ（ルカ24章）、エルサレムのオリーブ山から昇天しました（使徒1章）。

図9-2 イエスの足跡

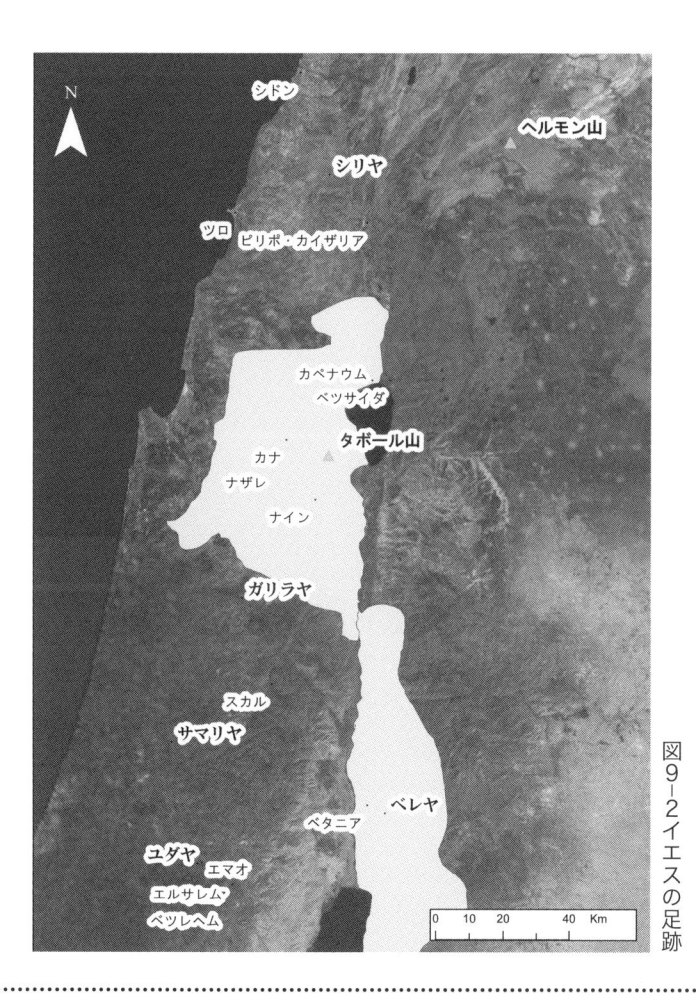

コラム4　神の子

　新約聖書はしばしば、イエスを「神の子」と呼んでいます。けれども、これはイエスを「神」と区別するために「神の子」と呼んでいるのではありません。偶像礼拝を厳しく戒められてきたユダヤ人たちは、神が唯一であることを骨身にしみて知っていました。その彼らにできる、ぎりぎりの表現が「神の子」です。実際は、イエスは神です、と告白しているのです。もっと直接には、弟子のトマスが復活したイエスに「私の主。私の神。」（ヨハネ20：28）と呼びかけています。また、「神がご自身の血をもって買い取

第9回　キリストの誕生

られた神の教会」（使徒 20：28）といった箇所もあります。神はただひとり。けれども、私たちに注がれる父なる神の愛があり、子なる神の愛がありました。それは十字架の上で見捨てられる子と見捨てる父という形で端的に現れました。イエスは十字架で「わが神、わが神。どうしてわたしをお見捨てになったのですか」（マルコ 15：34）と叫んだのです。やがて教会は、父と子と聖霊は一つの神であるという三位一体論を発見します。すでにイエスが用いていた「それゆえ、あなたがたは行って、あらゆる国の人々を弟子としなさい。そして、父、子、聖霊の御名によってバプテスマを授け」（マタイ 28：19）といった言葉が、より精緻な表現を獲得したのです。

【奇蹟の問題】

　福音書には多くの奇蹟が登場します。現代人にとっては、この奇蹟がつまずきの石になることが多いでしょう。奇蹟の典型的なものとして、マルコの福音書5章1〜20節を読みましょう。ここでは汚れた霊（悪霊、悪魔と呼んでもよいでしょう）が人にとりついて苦しめる。その人をイエスが訪ねて、悪霊を追い出すというできごとが描かれています。悪霊などと言うと、私たちは古代の迷信だとかたづけたくなります。あるいはこわいものみたさの興味をかき立てられます。けれどもマルコは悪霊そのものについて、詳しい描写はしていません。むしろ抑えた筆致で、本質的なことだけを記しています。

（1）悪霊とは害をなすものです。その害は、愛するために造られた人を何も愛することができないようにすることです。
　①「いと高き神の子、イエスさま。いったい私に何をしようというのですか。神の御名によってお願いします。どうか私を苦しめないでください」（5：7）とあるように、悪霊は人を、神から遠ざけようとします。それを神の御名によって願うわけですから、何とも皮肉なことです。神を神と知りながら、神から遠ざかるようにコントロールされていく人の姿がここにあります。悪霊の本質は、創世記3章の蛇と同じだと考えてよさそうです。
　②悪霊は、他の人との交わりを困難にします。この悪霊につかれた

人は、「墓場に住みついており、もはやだれも、鎖をもってしても、彼をつないでおくことができなかった」（5：3）とあります。他の人を愛することもできず、他の人の愛を受け入れることのできない孤独な姿がここにあります。
③「それで彼は、夜昼となく、墓場や山で叫び続け、石で自分のからだを傷つけていた」（5：5）とあります。この人は自分を愛することもできなくなっているのです。

（2）悪霊は人から豚に乗り移ったときには、豚もろともに湖へ消えていくほかありませんでした。ですから悪霊は人の心を支配するという形でしか存在することができません。また悪霊は神に敵対しながらも、けっして神には勝つことができません。悪霊の神への敵対は対等なものではなく、内乱や反抗とでも呼ぶべきものです。

（3）悪霊は愛することのできない状態に人を閉じ込めます。罪の中にあるみじめな状態です。悪霊の支配は、罪の力の支配です。そして人はその支配に自分の力で勝つことはできません。神の支配、イエスの支配の下に移るときのみ罪の支配から脱することができるのです。現代の多くの人が考えるように「自分は神の支配も、罪の支配も受けないでいることができる」というのは幻想にすぎません。

聖書のその他の奇蹟、たとえば病のいやしの奇蹟も、罪とその結果である死の支配から、神の支配へ移されることだと考えることができます。このように、神の国、神の支配の観点から奇蹟を見ることがたいせつです。

> **コラム5　奇蹟と奇跡**
> 　「奇蹟」と「奇跡」は異なるニュアンスを持つ言葉です。「奇跡」は不思議なこと。病人が奇跡的な回復をとげた、などというふうに使います。「奇蹟」も不思議なことですが、神の意思が込められた不思議なことです。つまり、神が何かの意図をもってなさる不思議なこと、それが「奇蹟」なのです。

第9回　キリストの誕生

> ですから、奇蹟においては神の意図を知ることがたいせつです。神の意図は、いつも愛と慈しみにあります。神の力を証明することにはありません。

【処女降誕】

　なぜ、処女が子を産むことができるのか。この処女降誕と次回お話しする復活が、聖書を信じることができない２大原因であるかもしれません。けれども実際は、神がこの世界に人となって現れた不思議に比べるならば、大きな問題とはならないでしょう。神が人となるときに、普通の人と同じように産まれる方が不自然だからです。処女降誕がいかにすれば可能かを、科学的に証明しようとすることも、あまり意味のあることではないでしょう。第１回の天地創造でお話しした通り、聖書は私たちにとってほんとうに大切なことを扱っています。その大切なこととは、科学的な「いかにして」ではなく、私たちの存在に関わる「なぜ」です。神はなぜ人となったのか、次回はこのたいせつな問題に取り組むことにしましょう。

> **コラム６　深くあわれむ神**
> 　福音書には、「深くあわれむ」という言葉が登場します。「内臓が動くほど、はらわたがねじれて痛むほど、あわれに思う」という意味の言葉です。実はどの福音書もこの言葉を、父なる神とイエスにしか用いていません。ほんとうのあわれみは神にしかないからです。ただ一箇所、有名な「よきサマリヤ人の譬え」で、このサマリヤ人に「深くあわれむ」が用いられています。神の愛を生きるようにとイエスが命じている箇所です。

【次回】

　いよいよ聖書の中心、十字架と復活に入ります。マルコの福音書第15章を読んでごらんになっておくとよいでしょう。

第10回　十字架と復活

学びのポイント
- 復活とは何でしょうか。
- 神はなぜイエスを復活させたのでしょうか。
- キリストの十字架はなぜ被造物の贖いになるのでしょうか。

【キリストの復活】

いよいよ、聖書の中心である十字架と復活の箇所にやってきました。まずマルコの福音書15章を朗読していただきましょう。

イエス・キリストは33年半といわれる地上の生涯の終わりに、十字架につけて殺されました。そこにはユダヤの宗教的指導者たちのねたみがありました。また、イエスをローマからの軍事的解放の指導者として期待し、やがて失望した群衆の怒りもありました。さらに暴動を恐れて、イエスの無実を知りながら判決を曲げた裁判を行ったローマの総督ポンテオ・ピラトの保身も一つの原因でした。

けれどもこのような人間たちの側のさまざまな思いとは別に、そこには神のみこころがありました。このことは、イエスが復活したときに明らかになりました。復活とは単に死者が蘇生することではありません。復活したイエス・キリストには、十字架で受けた傷がありました。ですから復活の前と同じ体であったわけです。ところがそれでいて、

空の墓の全景（園の墓）

第10回　十字架と復活

復活したイエス・キリストは、もはや時間や空間に制限されていません。復活について、聖書はそれ以上のことは語っていませんが、例によって大切なことは、how（いかにして）ではなくて why（なぜ）です。

　神はイエス・キリストをなぜ復活させたのでしょうか。第一に復活によって、神と人を隔てる死の壁が打ち抜かれるためでした。イエスが復活したときに死の力は敗れ、永遠がこの世界に入りこみ始めました。イエスは初穂ですから、やがてこの世の終わりの再臨のとき、イエスを信じる人々はイエスに続いて復活することになります。第二に、復活は十字架の意味をはっきりとさせました。もし復活がなければ、イエスの十字架は一人の男の無力な人生の終わりに過ぎなかったでしょう。けれども復活によって、イエスの語ったことは真実であることが明らかになったと教会は信じてきました。すなわち、イエスこそ全被造物の贖いという神の計画のために自分を献げた神の子（すなわち、子なる神）であることが明らかになったのです。

【キリストの十字架】

　キリストの十字架はどのようにして被造物、特に人の贖いとなるのでしょうか。贖いは英語で atonement。at+one+ment という成り立ちですから、「一つにすること」という意味です。神と人とを一つにすることです。十字架はなぜ、神と人とを一つにするのでしょうか。実は答はただ一つではありません。聖書は多くの切り口からこのことを語っています。それは、十字架のもたらすものが豊かだからです。プリズム（図版参照）というものがあります。波長による屈折率の差を利用して光を分散させてスペクトラムを作るものです。十字架の贖いのいろいろな側面はこのスペクトラムに似ています。ですから教会はこれまで、ただ一つの公式の贖いの教義を定めたことはありませんでした。十字架を表現する最善の言葉を見つけるための努力をしながらも、どん

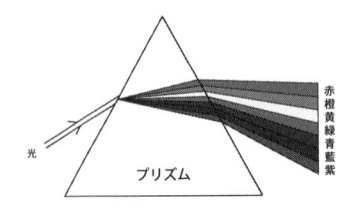

な言葉も十字架の豊かさを説明し尽くすことができないことを知っていたからです。以下では、もっともよく知られている十字架の贖いの四つの側面を紹介しますが、これらはたがいに補い合う関係にあります。どれかが正しくて、その他はまちがいというのではありません。

（1）神と人との交わりの回復の十字架 （和解）

　神が人を創造した目的は、人と愛し合い、喜び合うためでした。けれども、この愛の関係は人が神に背を向けたために損なわれてしまいました。これまで何度も、最初の人の名前「アダム」は固有名詞ではなく、「人」という意味の普通名詞だと申し上げてきました。ですから聖書によれば人はみな神に背を向けており、神との関係が損なわれています。神にはこのままで私たちを放っておくことができません。そうするには神はあまりに愛に満ちているからです。

　けれども、私たちにはそんな神の愛がわかりません。目で見ることができるならば、わかるかも知れないのですが……。いったい、どこで神の愛を見ることができるのでしょうか。それが十字架です。十字架に架けられたイエスは神。父なる神とは区別される子なる神。人となった神です。この神が十字架の上で発した言葉の一つが、「父よ。彼らをお赦しください。彼らは、何をしているのか自分でわからないのです」(ルカ23：34) です。自分の苦しみを省みず、人のためにとりなす神の姿がここにあります。イエスのとりなしは、自分を十字架に架けたユダヤ人やローマ人のためだけではありません。神に背を向けているすべての人のためのとりなしです。このとりなしの愛を知るときに、人は心を開いて、神との関係を回復することを望み始めます。和解はすでに神から差し出されています。神の愛の迫りを知るときに、人は心を開き始めます。

第 10 回　十字架と復活

その和解を受け入れ始めるのです。強いられてではなく、愛にとかされて。「神殿の幕が上から下まで真っ二つに裂けた」(マルコ 15：38) とあります。この幕とは神殿の聖所と至聖所を隔てていた幕です。この幕の中の至聖所には大祭司が一年に一回入る以外はだれも入ることは許されていませんでした。そこは神が人に会う場所とされていました。けれどもイエスの十字架の死と同時に隔ての幕は裂かれました。このことは神と人との和解が可能になったことの象徴です。

(2) 罪の赦しの十字架 (赦罪)

　最初に和解を差しだしたのは神。では神は人が犯してきた罪をただ見過ごされるのでしょうか。そうだとするなら神は虐げられた者たちの叫びに対して耳を閉ざすお方なのでしょうか。もちろん神はそんなお方ではありません。神は私たちよりも、はるかに正義を愛します。悪がはびこるのを許しません。このことは私たちには両刃の剣となります。なぜなら私たちは罪を犯してきたからです。神が正しいお方であるならば、私たちが傷つけてしまった人々の心の痛みや、私たちが愛を出し惜しんだゆえの人々の悲しみをそのまま見過ごすことはなさらないでしょう。私たちは自分の罪を償わなければならないのです。ところがここに問題があります。私たちには罪の償いをすることができません。もっている財産のすべてや命を差しだしたところで、すでに犯してしまった罪の償いとすることはできないのです。

　イエスが十字架上で発したもう一つの言葉は、「わが神、わが神。どうしてわたしをお見捨てになったのですか」(マルコ 15：34) です。この問いに父なる神は完全な沈黙を貫きました。イエスという子なる神が見捨てられたのです。見捨てたのは父なる神。神に見捨てられるということは、永遠の滅びを意味します。滅びとは絶望です。愛も交わりもないばかりか、いつか絶望が終わるという希望もない絶望が滅びです。宇宙船で船外活動をしている宇宙飛行士を考えてみてください。事故で彼と宇宙船をつないでいたロープが切れてしまったらどうでしょう。彼はどこまでも宇宙船か

ら遠ざかっていきます。宇宙の彼方へとどこまでも。もう愛や交わりの中に戻ることができる見込みのない絶望の中で。滅びとは、血の池や針の山といったものではなく、神から切り離される絶望なのです。ただし、この絶望は神が望んだものではないことを忘れてはならないでしょう。すでに見たように神は和解の手を差し伸べています。この手を払いのけ続け、拒み通した者だけが滅びます。ですから滅びは自分で選び取るものです。神を選ばないということが滅びを選ぶことです。私たちの意志に反して私たちを救うことは神にもできないのです。

　また、「結局のところ、イエスは3日後に復活した。だからイエスの経験した滅びは、みせかけ。本当の滅びではないのではないか」と考える人もいるかもしれません。けれども後に復活するからといってこの滅びが茶番だとは言えません。イエスの三日間の滅びは、その中では復活の望みも断たれてしまう絶望であったにちがいないからです。

　こうして子なる神は、父なる神に見捨てられて滅びました。本来、滅びなければならないのは私たちでした。けれども、私たちが滅びることに耐えることができない神は、私たちの代わりにご自分で償いをしてくださいました。イラストが助けになるかもしれません（上記イラスト参照）。父の審きである断絶の剣が盾に突き刺さって防ぎ止められています。盾がかばっているのは罪人である私たち。その盾に描かれている十字架、この十字架には子なる神が架けられています。父なる神が子なる神を見捨てることによって、いわば自分を罰することによって私たちを赦したのでした。

（3）解き放つ十字架（解放）

　人はみな罪の中にあります。罪とは、あの罪この罪というように数え上げることができるものというよりは、神を離れた存在のあり方そのものです。罪から離れようと思っても離れることができず、

第10回　十字架と復活

愛そうと思っても愛することができない理由がそこにあります。私たちを罪に縛りつけている力があると聖書は教えています。「そこで、子たちはみな血と肉とを持っているので、主もまた同じように、これらのものをお持ちになりました。これは、その死によって、悪魔という、死の力を持つ者を滅ぼし、一生涯死の恐怖につながれて奴隷となっていた人々を解放してくださるためでした」。（ヘブル2：14〜15）

罪の奴隷であった私たち。死は罪の結果ですから、私たちは死に支配された死の奴隷でもありました。奴隷というのは主人の強い力に支配されている者たちです。そのように自分よりも強い罪と死という悪の力の支配の下にあった私たちを、十字架が解き放ちました。それは暴力による解放ではありませんでした。逆に罪と死の力の暴力が、イエスに対して費やし尽くされることによる解放だったのです。こうして解放された者たちは、イエスと同じように生きることへと招かれています。悪に対して悪で酬いず、罪の連鎖を自分でとどめ、かえって悪に対して愛をもって酬いて生きる生き方です。そのためには人と自分を比べて優越感や劣等感を抱いたり、それを跳ねのけるために自分を駆り立てて生きる罪深い習慣が妨げとなります。神に愛され、神に受け入れられている恵みに安心して生きる習慣へと移ることが必要なのです。これには時間がかかるかもしれません。けれども、イエスを受け入れるとき、その人の中にはこの変化がすでに始まっているのです。

（4）いやしの十字架（治癒）

聖書は、罪を病としても捉えています。これは特に、ギリシャ正教やロシア正教で強調されるイメージです。「キリストの打ち傷のゆえに、あなたがたは、いやされたのです」（Ⅰペテロ2：24）とあります。この見方は十字架だけではなく、イエスの生涯全体を一連の救いのわざと考えます。受肉（神が人となること）によって、無限の神が有限な人間の苦悩を身にまといました。そして罪に病む人間の存在を自分の中に引き受けて癒すのです。誕生から幼児期、青年期、壮年期そして死にいたるまでの全生涯において、人がどっぷり漬かっている罪という病をイエスが引き受けま

した。イエスを受け入れる人を、毒に対する血清を受けた人になぞらえることができるでしょう。人はみな罪に冒され病んでいます。その病をイエスが癒して健やかにし、その健やかさに私たちを与らせるのです。

　以上、新約聖書にある四つの主な贖いの側面を見てきました。どの見方にも共通していることがあります。それは罪によって損なわれたものを、神自身が犠牲を払って回復させること。その動機は愛であって、その愛は十字架の滅びをも厭わない愛であることです。神と人とを一つにするために十字架はどうしても必要だったのです。

コラム7　キリストの墓の場所は？

　伝統的には、エルサレム旧市街に立つ聖墳墓教会がその場所だとされてきました（下左の写真）。ところが、1883年イギリスのゴードン将軍が、エルサレム郊外で、どくろ（ゴルゴタ）のように見えるがけとそのそばの空の墓があるのを発見しました。下中の写真、枠で囲んだ部分がどくろに見えるでしょうか。空の墓の全景の写真は85頁に載せておきました。下右が内部の写真です。イエスの時代の墓の特徴を備えているようです。大きな反響を呼んだこの発見でしたが、現在ではやはり聖墳墓教会がゴルゴタであるという見解が主流のようです。

　「園の墓」と呼ばれているこの墓に保全のために取り付けられている木の扉には「彼はここにはおられない。よみがえられたからだ」（マタイ28：6私訳）と記されています。そこで配られたパンフレットには、「イエスの墓がどこであったかはわかりません。けれどもたいせつなことは、墓がどこにあるかではありません。どこにあるにせよ、その墓は空であるということがたいせつなのです」と書かれていました。

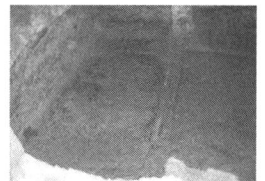

第11回　教会の誕生

学びのポイント
・ペンテコステとは何でしょうか。
・三位一体とは何でしょうか。
・教会とは何でしょうか。
・パウロとはだれでしょうか。
・パウロの宣教の中心点は何でしょうか。

【ペンテコステ】

　十字架と復活の後、イエス・キリストは昇天。それに続くペンテコステの日に教会は誕生しました。まず使徒の働きの2章を読みましょう。

　ペンテコステ（五旬節）というのはギリシャ語で「50番目の日」を意味する言葉です。もとはユダヤ教の過越祭から50日後の祭日を意味しましたが、キリスト教ではイースター（復活祭）から50日後をペンテコステ（聖霊降臨日）と呼んでいます。この日、イエスを信じる人々の上に聖霊が降り教会が誕生したのでした。聖霊は神です。父なる神、子なる神、聖霊なる神。けれども神はおひとり。三位一体の神です。これは神のみにしかない在り方ですので説明は難しいのですが、神が三人いるということではなく、神という存在が私たちの理解をはるかに超えて豊かであると考えるのがよいでしょう。たとえば「丸くて四角いものは何か？」と問うとします。二次元の平面の世界では答はありませんが、三次元の立体の世界では、「茶筒！」と答えることが可能でしょう。私たちにとって、現在可能な理解を超えたところ

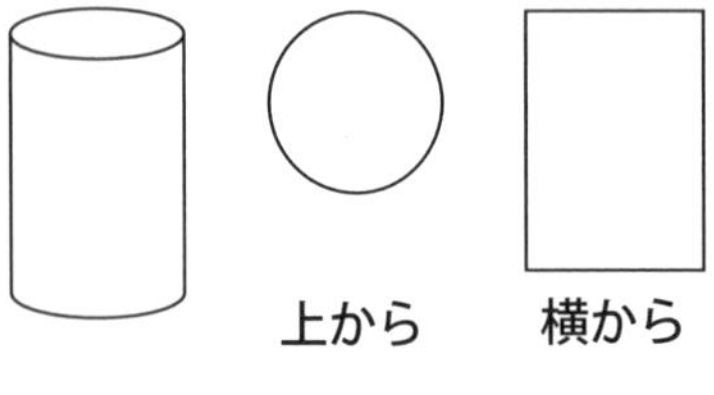

上から　　横から

に存在するものがあるという例です。そして三位一体の神を貫くのは愛です。そもそも三位一体自体が神の内部での愛の交わりです。父と子と聖霊が愛し合っているのが神の本質的な在り方なのです。そしてその愛は、神の内側にとどまらないで私たちへの愛としてあふれ出します。父なる神は愛するために被造物を創造し、子なる神は愛ゆえに被造物を贖います。そして聖霊なる神は愛の実現のために被造物、特にイエスを信じる人々の間に住むのです。
(写真：三位一体をイメージするのは上の図が助けになるかもしれません。三位でありながら一体になってダンスをする躍動する神。そのダンスに私たちも招かれているのです。)

【教会】
　教会はイエスが始めた神の国の実現ということができます。この教会は教会堂という建物ではありませんし、宗教法人・明野キリスト教会というような組織でもありません。建物がなくても、法人格がなくても、教会は存在します。神に召された人々の集まり、それが教会です。もちろん教会は神に召されたとはいえ、人間の集まりでもありますから、さまざまな問題を抱えています。それでも教会には他の集まりとは異なる特徴があるとクリスチャンたちは信じています。伝統的に四つの「教会の本質」と呼ばれてきたものを順にみていきましょう。

（１）教会の第一の本質〈一体性・一致性〉
　ペンテコステの日に、弟子たちが世界各国の国語で話し、そこにいた全員が福音を理解することができたことは、教会の第一の本質である一体性をよく表しています。長い間、ユダヤ人と異邦人の間に存在していた壁は取り払われました。また最初期の教会においても、自由人と奴隷は一つ、男性と女性もキリストにあって一つであるとされました。キリストは神と人との和解をもたらしたのと同様に、人と人との間にも和解をもたらします。一体性を侵すあらゆる障壁を教会は取り除き続けてき

第 11 回　教会の誕生

たのです。歴史的な経緯によって教会の分裂が生じましたが、それぞれは有機的な統一をもつ、いわばひとつのからだのいろいろな部分であると考えることができます。

(2) 教会の第二の本質〈公同性（または普遍性）〉

すべての教会に共通するもの、これが教会の第二の本質である公同性です。ペンテコステの日には多様な国語が飛び交いましたが、このことは教会の公同性の妨げにはなりませんでした。教会の公同性は、言語や文化、礼拝の形式などを統一することによって成り立つものではなく、むしろ多様な表現形式を貫いているものだからです。それはキリスト教の教理の中心となる一般的に認められている要素を維持していることです。

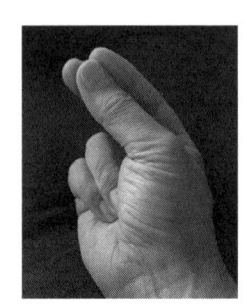

例えば、三位一体の教理がそうです。このことは多様な伝統に立つ教会、例えば正教会やローマ・カトリック教会、プロテスタント教会をいずれも公同性を備えた教会とみなして尊重する反面、三位一体の教理を是認しない集まりは公同性を欠いていることになります。三位一体ともに、キリストの神人二性が重要です。正教会では、この2つを強調するために、十字を切るときに上図のような形を作ります。三本の指は三位一体を、二本の指は神人二性を表現しています。

(3) 教会の第三の本質〈使徒性〉

この第三の本質である使徒性とは、教会が ① 使徒たちによって世界に植えられ、② 使徒たちの教えを継承し、③ 使徒たちの務めを続けていることです。ローマ・カトリック教会は、使徒性がペテロから直接歴代教皇を経て現在の教会制度に伝えられているとします。これは「あなたはペテロです。わたしはこの岩の上にわたしの教会を建てます」（マタイ 16：18）というキリストの宣言をペテロ個人についてのことだと理解するものです。一方、プロテスタント教会は同じ聖書の箇所から教会の土台をペテロの信仰告白だと考えます。だから宗教改革において、「カトリックで

なくても、聖書に照らして福音が正しく説教され、聖礼典が正しく執行されているのが教会である」と主張することができたのです。裏を返せば、説教と聖礼典が正しく行われていないならば、形は整っていても教会ではないとローマ・カトリック教会を断罪することも可能であったわけです。

（4）教会の第四の本質〈聖性〉

イエスは地上の生涯において、聖霊に満たされて神と人への愛に生き抜きました。同じ聖霊が教会に注がれて、その交わりを神と人への愛へと向かわせます。ペンテコステを記録した使徒の働き2章の締めくくりには「そして毎日、心を一つにして宮に集まり、家でパンを裂き、喜びと真心をもって食事をともにし、神を賛美し、すべての民に好意を持たれた。主も毎日救われる人々を仲間に加えてくださった」（2：46～47）とあります。宮（神殿）で神に礼拝をささげ、賛美をささげる神への愛。必要を共にし、喜びと真心をもって仲間と交わる人への愛。たがいの欠けを覆い合う愛。そしてその愛は教会の交わりの外への福音の宣教にあふれ出したことがわかります。現実の教会はたびたびこれらの本質を汚し、おとしめる失敗をくり返してきました。けれども、教会は新約聖書が随所で記すように「神の教会」であるがゆえに、自らをいつも変革しつつこの世の終わりを目指して旅を続けているのです。

【パウロの宣教】

最初期の教会で中心的な働きをしたパウロという人物がいます。パウロはイエスの弟子ではありませんでした。それどころかイエスの復活と昇天の後、先頭に立って教会を迫害していた男です。そのパウロにイエスが現れたとき、パウロはイエスを神の子と信じて福音を宣教し始めます。彼の三度にわたる宣教旅行の結果、小アジアやギリシャの各地に教会が生まれました。また、諸教会のさまざまな問題に対して、多くの書簡を書き送りました。パウロは先輩の使徒たちからイエスの言動について聞きましたが、自らもまたイエスから直接に福音をゆだねられたという確信をもっていました。

第11回　教会の誕生

　パウロはユダヤ人でしたが、ローマの市民権をもった国際人でした。パウロによって福音は世界に向かう表現を得たということができます。彼の書いた最も長い「ローマ人への手紙」からいくつかの中心的なことがらを見ることにしましょう。

（1）ユダヤ人も異邦人もすべての人は罪人であること
　「すべての人は、罪を犯したので、神からの栄誉を受けることができず、」（3：23）とあります。罪とは人が神を離れ、自分の存在の意味を見失った惨めな状態です。人は神を軽んじて自分から神との断絶を選び取っているのです。

（2）神は罪人をあわれみ、イエスの十字架によって救うこと
　パウロは続いて、「ただ、神の恵みにより、キリスト・イエスによる贖いのゆえに、価なしに義と認められるのです。　神は、キリスト・イエスを、その血による、また信仰による、なだめの供え物として、公にお示しになりました……」（3：24〜25）と記します。罪人と神との絶望的な距離を埋めたのは神自身でした。神はイエスの十字架によって罪人に贈り物として義を与え、罪あるままの罪人を義としたのでした。

（3）イエスを信じる者の自由
　「私たちは、キリストの死にあずかるバプテスマによって、キリストとともに葬られたのです。それは、私たちも、いのちにあって新しい歩みをするためです。……死んでしまった者は、罪から解放されているのです」（6：4、7）とパウロは宣言します。罪は人を支配する強い力でもあります。イエスを信じる者はこの力から解放されて、新しい歩みをするというのです。以前にお話ししたように（79頁）、DデイとVデイの間にあるこの世界においては、この解放はたちどころに完全なものというわけではありません。けれども神との愛の交わり、他の人々との愛の交わりに生きる新しいいのちの歩みは、信じる者にとってはすでに現実のものなのです。
　表11.1には、主な教会のできごとを年表のかたちにまとめてみました。

表11.1　教会の主なできごと（年表）

年　代	教会の主なできごと	使徒の働きの関連する章
紀元33年	ペンテコステ（聖霊降臨日）	2
34年	ステパノ殉教	7
〃	ピリポ、エチオピアの宦官にバプテスマ	8
〃	パウロ、ダマスコ途上で回心	9
40年	ペテロ、異邦人の百人隊長コルネリオにバプテスマ	10
48年	**パウロ第一次伝道旅行に出発**	13
	→キプロス	13
	→ガラテヤ	13-14
49年	第一次伝道旅行から帰着	14
〃	**エルサレム教会会議**	15
〃	パウロ「ガラテヤ人への手紙」執筆	
〃	**パウロ第二次伝道旅行に出発**	15
〃	→シリヤ、キリキヤ	15
50年	→ガラテヤ、フルギヤ、ムシヤ	16
〃	→ギリシャ→マケドニヤ→ピリピで投獄	16
〃	→テサロニケで暴動から逃れる→ペレヤで危機から逃れる	17
〃	→アテネのアレオパゴスで演説	17
51年	→コリントに18か月滞在。「テサロニケ人への手紙一・二」執筆	18
52年	→エペソ→エルサレム	18
53年	**パウロ第三次伝道旅行に出発**	18
55年	→エペソに2年間滞在。「コリント人への手紙一」執筆	19-20
〃	→暴動を逃れ、マケドニヤへ「コリント人への手紙二」執筆	20
56年	→コリントで3ヶ月過ごす。「ローマ人への手紙」執筆	21
57年	→エルサレムへ	27-28
59年	**パウロ、ローマへ**	28
62年	パウロ「エペソ人への手紙」「コロサイ人への手紙」「ピリピ人への手紙」執筆	

第 11 回　教会の誕生

66 年	ユダヤ人、ローマに反乱
70 年	反乱鎮圧、神殿の破壊
303 ～ 313 年	皇帝ディオクレティアヌスの大迫害
313 年	ミラノ勅令による迫害の中止。やがてローマの唯一の公認宗教へ
381 年	コンスタンティノポリス公会議において三位一体の教理が最終的に確定
1054 年	東西教会の分裂
1517 年	宗教改革始まる
1549 年	フランシスコ・ザビエル日本に上陸。宣教開始

【次回】

いよいよ次回は最終回「終わりのことがら」です。新約聖書の最後にある「ヨハネの黙示録」第 21 章に目を通してみてください。

> **コラム 8　十二使徒とパウロ**
> 　マルコの福音書には「こうして、イエスは十二弟子を任命された。そして、シモンにはペテロという名をつけ、ゼベダイの子ヤコブとヤコブの兄弟ヨハネ、このふたりにはボアネルゲ、すなわち、雷の子という名をつけられた。次に、アンデレ、ピリポ、バルトロマイ、マタイ、トマス、アルパヨの子ヤコブ、タダイ、熱心党員シモン、イスカリオテ・ユダ。このユダが、イエスを裏切ったのである」（3：16 ～ 19）とあります。このリストの中にはパウロの名はありません。けれどもパウロは自らをイエスから直接の啓示を受けた使徒とみなしていました。図 11.1 および 11.2 の地図にあるように 3 回の伝道旅行を行った後、捕らえられてローマに送られました。新約聖書中の多くの手紙を書いた人物でもあります。

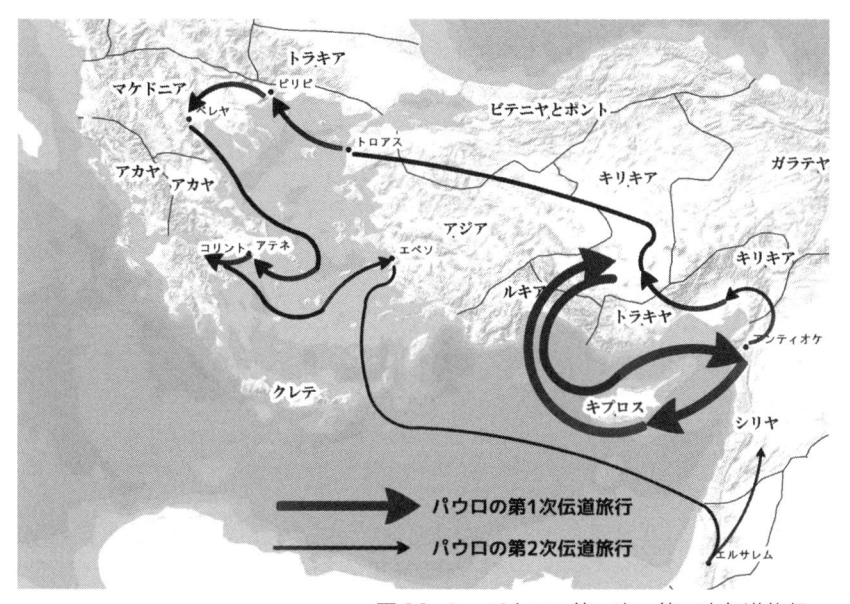

図 11.1　パウロの第一次・第二次伝道旅行

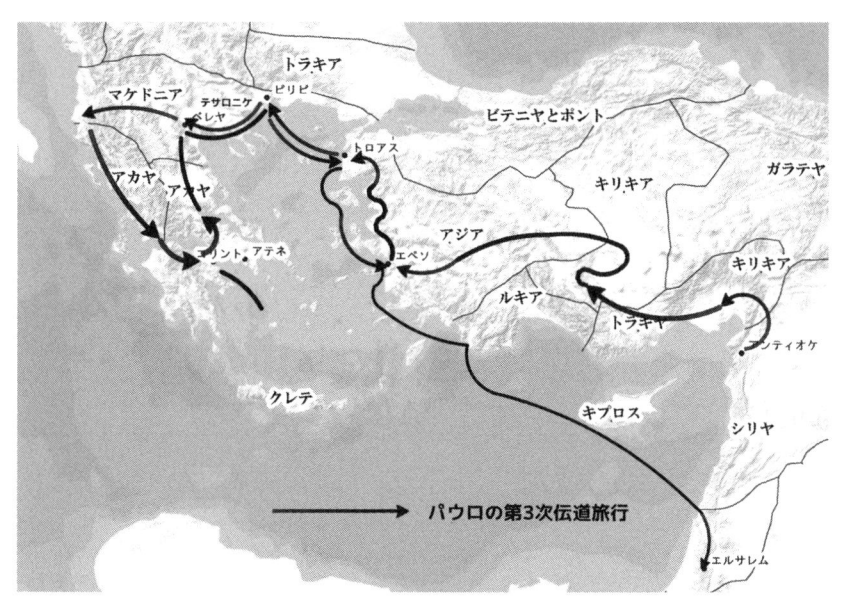

図 11.2　パウロの第三次伝道旅行

第 11 回　教会の誕生

【新約聖書の概要】＊ここで新約聖書 27 巻の内容をまとめておきました。

表 11.2　新約聖書 27 巻内容一覧表

福音書	マタイの福音書	福音書はイエスの 4 枚の肖像画。マタイのそれは、ユダヤ人のためにイエスが待望のメシヤであることに焦点を合わせる。
	マルコの福音書	マルコは最も古い福音書。異邦人読者を念頭にイエスが神の子であることを鮮やかに描く。
	ルカの福音書	マタイ・マルコ・ルカは共観福音書と呼ばれるが、ルカはとりわけイエスを全人類の救い主としてとらえ、その来臨を世界的できごととして教える。
	ヨハネの福音書	最後に書かれた福音書。紀元 90 年頃か。他の福音書を補足し、解釈と意味づけを行うことに専念する。
	使徒の働き	ルカの福音書第二巻。教会の誕生以後の約 30 年間を描く。
書簡	ローマ人への手紙	福音を強調するパウロ書簡。ガラテヤ書の律法主義からの自由や信仰による義をさらに展開。
	コリント人への手紙第一	福音を強調するパウロ書簡。コリント教会内の対立に対して一致を勧める。
	コリント人への手紙第二	福音を強調するパウロ書簡。外来の伝道者たちによる問題に対して書かれた。
	ガラテヤ人への手紙	福音を強調するパウロ書簡。律法主義からの自由や信仰による義を説く。
	エペソ人への手紙	パウロが獄中でしたためた書簡。教会におけるユダヤ人と異邦人の一致を説く。
	ピリピ人への手紙	パウロの獄中書簡。イエス・キリストの福音による喜びがあふれている。
	コロサイ人への手紙	パウロの獄中書簡。「エペソ人への手紙」と双子の手紙と呼ばれる。異端の脅威に立ち向かう。
	テサロニケ人への手紙第一	パウロ最初期の書簡。キリストの再臨に関する誤った理解に対してその意味を教える。
	テサロニケ人への手紙第二	パウロ最初期の書簡。再臨に関するさらなる誤解に対して教える。

書簡	テモテへの手紙第一	パウロの牧会書簡と呼ばれ、実際的な教会のリーダーシップと組織の問題を扱う。
	テモテへの手紙第二	パウロの牧会書簡。パウロ最後の手紙。厳しい状況にある伝道者テモテを励ます。
	テトスへの手紙	パウロの牧会書簡。受取人はテトスだがクレテの全てのクリスチャンに宛てられた教え。
	ピレモンへの手紙	パウロの獄中書簡。ピレモンという個人宛。逃亡奴隷オネシモをとりなす。
	ヘブル人への手紙	宛先・執筆者ともに不明であるが、キリストが永遠の大祭司であることを明らかにする。
	ヤコブの手紙	公同書簡と呼ばれる、宛先がはっきりせず、一般的な内容の書簡。行いをともなわない信仰を批判。
	ペテロの手紙第一	公同書簡の一つ。迫害される教会への励まし。
	ペテロの手紙第二	公同書簡の一つ。不道徳を助長する異端への警告と神の約束。
	ヨハネの手紙第一	公同書簡の一つ。キリストの受肉を否定する異端への警告。神は愛であることを強調。
	ヨハネの手紙第二	公同書簡に数えられるが、一つの教会に宛てて書かれた。互いに愛し合うことを強調する。
	ヨハネの手紙第三	公同書簡に数えられるが、ガイオという個人宛。
	ユダの手紙	公同書簡の一つ。異端を教える者たちへの抵抗を強める目的。
黙示文学	ヨハネの黙示録	迫害の時期、紀元90-95年に書かれた励ましの書。詩的・幻想的で象徴や比喩的表現が多用されている。

第12回　終わりのことがら

学びのポイント
- 「ヨハネの黙示録」が書かれた目的は何でしょうか。
- 神はなぜ、この世を終わらせるのでしょうか。
- キリストの再臨のとき、何がおこるのでしょうか。
- 福音を聞いたことがない人は、どのように審かれるのでしょうか。

【ヨハネの黙示録】

　いよいよ最終回となりました。今日は聖書の最後の巻である「ヨハネの黙示録」を読むことにしましょう。今日は21章を朗読していただきましょう。

　いかがでしたか。黙示録は紀元90年代、ローマ皇帝ドミティアヌス（在位紀元81～96）による迫害の時代に書かれたと考えられます。書かれた目的は、迫害の中にある信仰者を励ますためです。黙示録には、幻や数字による象徴的表現が多用されているので、読み手が想像力を働かせて自由に、ときには極端な解釈が行われてきたところがあります。しかし近年、死海文書（1947～1956年に死海のほとりで発見された写本群。聖書の写本の他、聖書の注解書も含まれている）をはじめとする同時代の文献の研究によって、それらの象徴が意味する内容の多くが明らかにされてきました。ちなみに黙示録は英語では「Revelation」。つまり「啓示」です。ギリシャ語でも「アポカリュプス」（おおいをとる）という語ですから、「黙示」よりは「明示」か「啓示」のほうがほんとうはふさわしかったかもしれません。著者はヨハネの福音書を書いた使徒ヨハネとされています。

　黙示録に描かれているのはこの世の終わりです。「この世の終わりに何

が起こるか」ということは、私たちの興味をそそります。まるで見てきたかのように教えようとする人々も多くいます。1999年にはノストラダムスの世界滅亡の予言が話題となりました。日本では、1995年にオウム真理教がハルマゲドン（世界終末戦争）を強調し、反社会的破壊活動で衝撃を与えました。世界の各地でもこの世の終わりが来たと信じて、集団自殺に走ったカルト集団も多くありますから、「世界の終わり」については軽々しく扱ってはならないと思います。

【二つのエンド】

　ところで英語で「終わり」は「エンド」ですが、「エンド」にはもう一つ別の意味があります。それは「目的」とか「ゴール」という意味。聖書は最初の「エンド」よりも第二の「エンド」に関心を集中させています。神がこの世をどのようなゴールへ向かって導いているのかを描くのです。いつものように神にとってはhow（どのようにして）よりもwhy（なぜ）のほうが大切だからです。なぜ神はこの世を終わらせるのでしょうか。黙示録21章のはじめの部分に注目してください。

　　「また私は、新しい天と新しい地とを見た。以前の天と、以前の地は過ぎ去り、もはや海もない。私はまた、聖なる都、新しいエルサレムが、夫のために飾られた花嫁のように整えられて、神のみもとを出て、天から下って来るのを見た。そのとき私は、御座から出る大きな声がこう言うのを聞いた。『見よ。神の幕屋が人とともにある。神は彼らとともに住み、彼らはその民となる。また、神ご自身が彼らとともにおられて、彼らの目の涙をすっかりぬぐい取ってくださる。もはや死もなく、悲しみ、叫び、苦しみもない。なぜなら、以前のものが、もはや過ぎ去ったからである。』すると、御座に着いておられる方が言われた。『見よ。わたしは、すべてを新しくする。』また言われた。『書きしるせ。これらのことばは、信ずべきものであり、真実である。』」（黙示録21：1～5）

第12回　終わりのことがら

「見よ。神の幕屋が人とともにある。神は彼らとともに住み、彼らはその民となる」とあります。「もはや死もなく」とも。神の目的は、創造のときの神と人との関係を完全に回復することです。どこかで終わってしまう関係というのは不完全なものです。完全な関係とは永遠に続くもの。ですから神は完全な関係を完成するために、終わりがある不完全なこの世界を終わらせるのです。

【キリストの再臨】
黙示録やその他の聖書の記事から、キリスト教会が一致して、世界の終わりについて告白してきた3つのことがあります。

（1）イエス・キリストの再臨
「今からのち、人の子が、力ある方の右の座に着き、天の雲に乗って来るのを、あなたがたは見ることになります」（マタイ26：64）。十字架前夜、捕らえられたイエスの裁判の席でのことばです。聖書は多くの箇所で、この世の終わりにイエスが再び来臨（再臨）することを語っています。小さな赤ん坊として最初に来臨（初臨）したときとはちがって、輝く栄光を帯びて来臨すると言うのです。

（2）最後の審判
イエスのことばを少し長く引用します。

> 「人の子が、その栄光を帯びて、すべての御使いたちを伴って来るとき、人の子はその栄光の位に着きます。そして、すべての国々の民が、その御前に集められます。彼は、羊飼いが羊と山羊とを分けるように、彼らをより分け、羊を自分の右に、山羊を左に置きます。そうして、王は、その右にいる者たちに言います。『さあ、わたしの父に祝福された人たち。世の初めから、あなたがたのために備えられた御国を継ぎなさい。あなたがたは、わたしが空腹であったとき、わたしに食べる物を与え、わたしが渇いていたとき、わたしに飲ませ、

わたしが旅人であったとき、わたしに宿を貸し、わたしが裸のとき、わたしに着る物を与え、わたしが病気をしたとき、わたしを見舞い、わたしが牢にいたとき、わたしをたずねてくれたからです。』すると、その正しい人たちは、答えて言います。『主よ。いつ、私たちは、あなたが空腹なのを見て、食べる物を差し上げ、渇いておられるのを見て、飲ませてあげましたか。いつ、あなたが旅をしておられるときに、泊まらせてあげ、裸なのを見て、着る物を差し上げましたか。また、いつ、私たちは、あなたのご病気やあなたが牢におられるのを見て、おたずねしましたか。』すると、王は彼らに答えて言います。『まことに、あなたがたに告げます。あなたがたが、これらのわたしの兄弟たち、しかも最も小さい者たちのひとりにしたのは、わたしにしたのです。』それから、王はまた、その左にいる者たちに言います。『のろわれた者ども。わたしから離れて、悪魔とその使いたちのために用意された永遠の火に入れ。おまえたちは、わたしが空腹であったとき、食べる物をくれず、渇いていたときにも飲ませず、わたしが旅人であったときにも泊まらせず、裸であったときにも着る物をくれず、病気のときや牢にいたときにもたずねてくれなかった。』そのとき、彼らも答えて言います。『主よ。いつ、私たちは、あなたが空腹であり、渇き、旅をし、裸であり、病気をし、牢におられるのを見て、お世話をしなかったのでしょうか。』すると、王は彼らに答えて言います。『まことに、おまえたちに告げます。おまえたちが、この最も小さい者たちのひとりにしなかったのは、わたしにしなかったのです。』こうして、この人たちは永遠の刑罰に入り、正しい人たちは永遠のいのちに入るのです。」（マタイ 25：31-46）

　聖書は他にも多くの箇所で、イエスの再臨のときに、すべての者が復活し最終的な審判が行われることを記しています。聖書は永遠の刑罰について、そのありさまを詳しく描くことはしていません。はっきりしているのは、それが神との断絶であること、そしてそれは本人が自ら選びとるものであるということです。すべての人の復活はまだ将来のことで

第12回　終わりのことがら

すから、今までのところこの断絶を経験したのは、だた一人、十字架のイエスだけなのです。

（3）「新天新地」と永遠の御国

この世は永遠には続きません。キリストの再臨によっていっさいが新しくされます。人はこの世の終わりまで、さまざまな問題の解決に努力し続けるし、そうしなければなりません。けれども問題の最終的な解決は神による全地の一新のときまでは実現しません。「見よ。わたしは、すべてを新しくする」（黙示録21：5）とあります。そのときには、地震も病も死もみななくなると聖書は語っています。また、「狼は子羊とともに宿り、ひょうは子やぎとともに伏し、子牛、若獅子、肥えた家畜が共にいて、小さい子どもがこれを追っていく。雌牛と熊とは共に草をはみ、その子らは共に伏し、獅子も牛のようにわらを食う。乳飲み子はコブラの穴の上で戯れ、乳離れした子はまむしの子に手を伸べる」（イザヤ書11：6～8）ともあります。被造物どうしの関係も完全に回復されるという預言です。

【死と復活】

死んだ後、人はどうなるのでしょうか。仏教やヒンズー教の伝統には輪廻や転生という思想があります。これは、たましいが永遠の存在であり、無限の数の被造物に次々と宿り続けるとする思想で、そこからの解脱が理想とされているようです。この思想では、たましいはいつも人間にばかり宿るとは限らないといいます。聖書が人間は神のかたちに造られた特別な存在（創世記1章）だとみなしていることとずいぶんちがいます。ヘブル人への手紙9章27節はしばしば輪廻を否定する根拠として用いられる聖書の箇所です。「そして、人間には、一度死ぬことと死後にさばきを受けることが定まっている」とあります。

一方で、ギリシャの古典哲学にも霊魂の不滅や輪廻転生という概念があります。ソクラテスとプラトンがその代表です。この思想は、人間が肉体とたましいからなっているという二元論をとります。そして肉体が

死ぬとき、たましいは、肉体という牢獄から自由にされると考えるのです。この思想とも違って、聖書は二元論には立っていません。聖書（特に新約聖書）は死後の復活、しかも体のよみがえりを語ります。たましいとからだは切り離すことができないからです。肉体もまた神が造られたよきものなのです。神はたましいも肉体も含めた全体としての人を愛し、復活によって人との関係を続けていこうとするのです。死を超えて永遠にです。

最後の審判　ミケランジェロ

【最後の審判】
　聖書は、すべての人はこの世の終わりに審きを受けると言います。ダニエル書12章2節には「地のちりの中に眠っている者のうち、多くの者が目をさます。ある者は永遠のいのちに、ある者はそしりと永遠の忌みに」とあります。すべての人は復活して審きを受けるというのです。けれども聖書は審きの細々とした詳細についてはとても寡黙です。教会の内にも外にもさまざまな数限りない憶測があふれていますが、そのような憶測にふけるよりも聖書が語る三つの原則を確認しておくことがたいせつです。

（１）神は公正な審き手であること
　神の本質は愛であると毎回のようにお話ししてきました。神が愛であるならば、その審きもまた愛に満ちたものにちがいありません。私たちに達成不可能な基準による審きではなく、神は私たちそれぞれの個別の限界を知った上で公正な審きをするのです。すべての人は罪人ですから、審きの結果は本来はすべての人の滅びであるはずです。けれども、神の愛ある公正な審きによって、審きの結果が「赦し」であるということが起こります。そして神はできるだけ多くの罪人に「赦し」を与えようと

するのです。

（２）神は審きをキリストにゆだねていること

「また、父はだれをもさばかず、すべてのさばきを子にゆだねられました」（ヨハネ５：22）とあります。人として生き、人として死んだイエスは私たちの弱さを知ってあわれむことができるお方です。私たちの審き手は、私たちのために生命を惜しむことがなかったイエスなのです。審きは厳粛です。けれども審き手はあわれみに満ちています。

（３）神は各人が受けた光の程度に応じて審くこと

福音を聞いたことがない人々、聞いても理解することができない人々を神はどのように審くのでしょうか。例えば江戸時代に福音を聞くことがなく死んでいった私たちの先祖たちの運命はどうなるのでしょうか。聖書はこの点については、直接の回答はしていないように思えますが、それでも上述の二つの原則から確実に言えることがあります。それは、福音を聞いたことがない人は、彼らが受けた光の程度（例えば、全ての人には良心が与えられています）に応じて審かれるということです。そして彼らにも愛ある公正な審きが行われるはずです。そうであれば私たちは、これらの人々の運命について思いわずらう必要はないのでしょう。愛と公正の神にゆだねて安心していることができるはずなのです。

あとがき

　この本を読み終えられたみなさん、おつかれさまでした。駆け足で創世記からヨハネの黙示録まで、聖書66巻を概観しましたが、聖書を貫いている語り口を感じとってくださったでしょうか。それは、以下のようなことがらでした。

（1）聖書の中心テーマは、神と人との関係。創造、堕落、贖い、再臨もみなこの「関係」という文脈で読むときに意味を持つものとなる。

（2）聖書はいつもhow（いかにして）ではなく、why（なぜ）を取り扱う。だから聖書を科学などの百科事典として見るのではなく、もっと大切な世界と人間の存在の意味や人生の目的を示すものとして読むべきである。

（3）にもかかわらず、聖書は抽象的な哲学書ではない。聖書には神と人との実際の関係の歴史が記されている。生きている神と生きている人との関係は特定の時間と場所に実際に足跡を残していくからであり、その足跡を見るとき、神の本質、人の本質、そして、両者の関係の本質が鮮やかになるからである。聖書はフィクションではなくドキュメンタリーである。

（4）神の本質とは愛である。裏切られても、見捨てることをしない忍耐強いあわれみの愛が神の本質である。この愛ゆえに神は創造し、贖い、世界を回復へと導く。

　けれども、これらのことがらも12回では、とうてい語り尽くすことはできませんでした。明野キリスト教会では、参加者の要望に応じ第二年度として続編の「一年12回で聖書を読む会Ⅱ」を実施しているほどです。どうか聖書を続けて読んでください。そのときにいつも、上記のことがらを思い出してください。一言でいうならば「神と人とのガチンコの関係」

あとがき

と言ってよいと思います。お近くのキリスト教会が、そのための手助けをしてくれることでしょう。

　最後にもう一つだけ。聖書の全巻は、どの箇所も読者であるあなたへの神からの呼びかけです。神があなたに求愛しているのです。そのように愛されているあなたは幸せな方だということをお忘れになりませんように。それでは、ごきげんよう。またお会いする日まで。

「聖書は物語る 一年12回で聖書を読む本」と「聖書はさらに物語る 一年12回で聖書を読む本」の**点字データ**を有志が作成してくださいました。BESファイルを下記からダウンロードできます。ご自由に利用ください。
https://drive.google.com/drive/u/0/folders/1CTPV6SriGGV4VBmTola7T-GdXoKl79hi
また「聖書は物語る 一年12回で聖書を読む本」の韓国語と中国語への翻訳が進行中です。

　本書や姉妹編の『聖書はさらに物語る』をテキストとして用いている教会などをリストにしてみました。誤りなどございましたらご連絡ください。

一年12回で聖書を読む会　実施教会・学校などの一覧
(把握しているもののみ、計画中・終了済み・教会員向けを含む)

日本イエス・キリスト教団：明野キリスト教会／京都信愛教会／天授ヶ岡教会／京都教区／堺栄光教会／我孫子栄光教会／舞鶴福音教会／羽ノ浦キリスト教会／阿南教会CS成人科／待望教会／横浜栄光教会／荻窪栄光教会／伊那福音教会／塩尻教会／愛媛中央教会／新座教会／押部谷教会／船橋栄光教会／天橋立教会／八幡福音教会／宇都宮共同教会／豊後高田福音キリスト教会／徳島栄光教会、**日本ナザレン教団**：松江教会／鹿児島キリスト教会／桃谷教会／横浜青葉台／阿倍野教会／久村教会／城陽キリスト教会／飯塚教会、**日本聖契キリスト教団**：鶴見聖契キリスト教会／酒匂キリスト教会／小田原クリスチャンセンター／目黒カベナント教会、**日本基督教団**：代田教会婦人会／西国分寺教会／大和教会／鈴鹿教会／玉出教会／千葉教会／福岡渡辺通教会／大和教会、**日本伝道隊**：塩屋キリスト教会、**基督伝道隊**：清和教会、韓国バプテスト連合海外伝道協会／小羊コミュニティ教会（姫路）、**イムマヌエル**：呉キリスト教会、**日本同盟基督教団**：蛍池聖書教会、**日本メノナイト・ブレザレン教団**：星田教会、**日本ホーリネス教団**：南つくば教会、**日本フリーメソジスト**：東住吉キリスト教会青年部／神楽町教会／尼崎西教会、西日本福音ルーテル教会・伊丹福音ルーテル教会、**日本福音自由教会協議会**：春日部福音自由教会、**アッセンブリー・オブ・ゴッド教団**：熊谷福音キリスト教会、JEC大阪みなとコミュニティチャペル、沖縄アガペ宣教会、**ウエスレアン・ホーリネス**：宇山福音教会、キリストの平和教会（佐倉市）、**保守バプテスト同盟**：八木山聖書バプテスト教会（仙台）、単立尾上聖愛教会＆太子伝道所、サンタクララバレー日系キリスト教会、**基督兄弟団**：ニューコミュニティー学園都市チャペル名古屋学院大学・キリスト教人間学クラス、梅光学院高校、茨木キリスト教学園中等部、西日本宣教学院（高松）、キリスト者学生会、日本ミッションセンター

大頭 眞一（おおず・しんいち）
1960年神戸市生まれ。北海道大学経済学部卒業後、三菱重工に勤務。英国マンチェスターのナザレン・セオロジカル・カレッジ（BA, MA）と関西聖書神学校で学ぶ。日本イエス・キリスト教団香登教会伝道師・副牧師を経て、現在、京都府・京都信愛教会／天授ヶ岡教会／明野キリスト教会牧師、関西聖書神学校講師。

主な著書：『聖書は物語る』（2013、2025⁹）、『聖書はさらに物語る』（2015、2019⁴）、共著：『焚き火を囲んで聴く神の物語・対話篇』（2017）、『アブラハムと神さまと星空と　創世記・上』（2019、2024³）、『天からのはしご　創世記・下』（2020、2022²）、『栄光への脱出　出エジプト記』（2021）、『聖なる神聖なる民　レビ記』（2021、2024²）、『何度でも 何度で 何度でも 愛　民数記』（2021、2024²）、『えらべ、いのちを　申命記・上』（2022）、『神さまの宝もの　申命記・中』（2023）、『いのち果てるとも　申命記・下』（2023以上ヨベル）、『焚き火を囲んで聴く神の物語・聖書信仰篇』（2021年、ライフストーラー企画）、『焚き火を囲んで聴くキリスト教入門』（2023年、いのちのことば社）、『牧師・大頭の焚き火日記』（2024年、キリスト新聞社）、他

主な訳書：マイケル・ロダール『神の物語』（日本聖化協力会出版委員会、2011、2012²）、マイケル・ロダール『神の物語　上・下』（ヨベル新書、2017）、英国ナザレン神学校著『聖化の再発見 上・下』（共訳、いのちのことば社、2022）、ほか

聖書は物語る　一年12回で聖書を読む本

2013年11月1日 第1版 第1刷発行
2025年4月15日 第2版 第9刷発行

著　者 ── 大頭眞一
発行者 ── 安田正人
発行所 ── 株式会社ヨベル　YOBEL, Inc.
〒113-0033 東京都文京区本郷 4-1-1 菊花ビル 5F
TEL03-3818-4851　FAX03-3818-4858
e-mail: info@yobel.co.jp

印刷 ── 中央精版印刷株式会社
装丁 ── ロゴスデザイン：長尾 優

定価は表紙に表示してあります。
本書の無断複写（コピー）は著作権法上での例外を除き、禁じられています。
落丁本・乱丁本は小社宛にお送りください。
送料小社負担にてお取り替えいたします。

配給元─日本キリスト教書販売株式会社（日キ販）
〒112-0014　東京都文京区関口 1-4-4　宗屋関口ビル Tel 03-3260-5670
©Shinichi Ozu 2025 Printed in Japan　ISBN978-4-946565-84-7 C0016

聖書新改訳 ©1970, 1978, 2003 新日本聖書刊行会

ヨベルの既刊書

正木牧人氏・評（神戸ルーテル神学校校長）本書の用い方を考えてみた。牧師が一般の人々に案内し教える。牧師が自分の学びのために用いる。神学校などの教材としては本書はちょうど1学期間で学べるよい長さだ。夫婦で学ぶ。高校生に教養として教える。大学生のサークルで学べる。教会学校の先生が聖書全体の流れを本書で把握するのもよい。

京都信愛教会／天授ヶ岡教会／明野キリスト教会牧師　**大頭眞一　聖書は物語る　一年12回で聖書を読む本**

9版　A5判・一一二頁・一二一〇円（二二〇〇円＋税）

ISBN978-4-946565-84-7

工藤信夫氏・評（精神科医）人々は恐らく世界中のベストセラーである聖書を知りたい、読みたいと願っている。にもかかわらず"これまでのキリスト教"は、なにか人々のニーズに応えかねているのではないだろうか。聖書を「神の物語」と捉えていることは興味深い。

大頭眞一　聖書はさらに物語る　一年12回で聖書を読む本

5版　A5判・一一二頁・一二二〇円（二二〇〇円＋税）

ISBN978-4-907486-19-8

林　牧人氏・評（西新井教会牧／『信徒の友』編集長）本書は、課題認識を確認しつつ、長年の「思い込み」から解き放たれて、より広く深い聖化の出来事へと招かれ、生きることが出来るようになるのか、日本の文脈において考察した論集である。かけがえのない光を放っている。

大頭眞一編著　聖化の再発見　ジパング篇

四六判・二四〇頁・一八七〇円（一七〇〇円＋税）

ISBN978-4-911054-12-3

宮崎　誉氏・評（東京聖書学院准教授、日本ホーリネス教団鳩山のぞみ教会牧師）本書は、キリストの御人格に集中しながら、旧約聖書の罪の呻き、……神と人との間の破れ、人と人との破れ、人と被造物との破れから、キリストによる癒しが、十字架の恵みと愛によってもたらされている福音を物語っています。

大頭眞一の新約聖書説教篇　時が満ちて　マルコの福音書Ⅰ

新書判・二三二頁・一四三〇円（一三〇〇円＋税）

ISBN978-4-911054-44-4

＊自費出版と共同出版の専門店＊　ヨベル YOBEL Inc.

資料請求は info@yobel.co.jp または下記へ　　呈／「本を出版したい方へ」
〒113-0033　東京都文京区本郷4-1-1　TEL03(3818)4851　FAX03(3818)4858
http://www.yobel.co.jp　　　　　　　（税込表示）